# 농담의 쓸모

감사한 세상에 답하는 유영구 에세이

# 농담의 쓸모

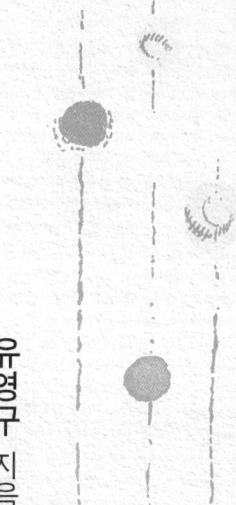

유영구 지음

"진지함은 과대평가되었다."

## 추천사

"응. 벌써 들어주셨어. 여자들 잔소리 없는 곳에 있게 해달라고 그렇게 기도를 했더니 그 기도가 너무 열심이었나 봐. 잔소리는커녕 얼굴도 볼 수 없게 기도를 들어주셨네." 너무도 뜻밖으로 남편 유영구 이사장이 영오의 몸이 되자 하나님이 기도를 들어주실 것이니 너무 걱정 말라며 위로하는 아내에게 유영구 이사장이 던진 농담이었다.

미소가 떠나지 않는 귀공자의 얼굴로 항상 친구나 어르신들을 접대하면서 농담을 던지고 고서를 비롯한 골동품 수집을 일삼는 그의 겉모습은 더할 나위 없는 한량이었다. 하지만 이 책은 그 미소와 농담 속에 응축되어 가려져 있던 필자의 따뜻한 가슴과 낭만주의적 삶이 인간적으로 얼마나 큰 무게와 아픔을 지녔는가를 전하며 잔잔한 감동을 준다.

지극한 가족 사랑과 원대한 사회적 이상을 실천해 나가면서 마주치는 장애물들을 농담이라는 무기로 극복하는 능력을 일찍부터 발휘해 온 필자의 재주가 부럽다.

_이인호(서울대 명예교수, 전 러시아 대사)

유영구 이사장은 기록학의 중요성에 일찍 눈을 뜨고 1998년에 사단법인 한국국가기록연구원을 세웠다. 그가 이사장을 맡고 불초(不肖)한 내가 원장을 맡았다. 우리는 곧 명지대학교 내에 대학원 석사과정급의 국가기록 연구과정을 개설했다. 이 과정이 현재 명지대학교 기록정보과학전문대학원의 모체가 되었다. 우리는 동시에 한국기록학회도 창립했다. 그는 구한말에 조선을 방문한 외국인들이 남긴 거의 모든 기록을 국내외에서 찾아 명지대학교 내에 소장했다. 여러 부문에서 확실히 그는 선구자적 안목을 지니고 있다.

평생을 기록 속에서 시대의 진실을 모색해 온 그가 이번에는 삶의 지혜가 담긴 책을 펴낸다니 반가운 마음이 앞선다. 그의 깊은 통찰력으로 길어 올린 '농담'들이 팍팍한 시대를 살아가는 우리에게 쓸모 있는 위로와 따뜻한 여유를 선사할 것이라 믿어 의심치 않는다. 많은 이들이 그의 농담에 귀 기울이게 되기를 바란다.

_김학준(단국대 석좌교수, 전 동아일보 회장)

살면서 '내가 참 좋아하는 사람'을 꼽으라면 열 손가락 안에 반드시 드는 이가 유영구 선생이다. 그는 늘 자신보다 남을 먼저 헤아려 베풀고, 스스로 힘들 때조차 주변에 유쾌한 기운을 선사하는, 보기 드문 진심을 가진 사람이다. 평생을 무대에서 사람의 마음을 들여다본 나이기에, 좋은 농담 한 마디가 얼마나 큰 위로가 되는지를 잘 안다. 세상사에 지친 이들에게 그가 건네는 유머는 단순한 웃음이 아니라 마음을 보듬는 다정한 손길과 같다.

이 책 『농담의 쓸모』는 바로 그의 따뜻한 마음 그 자체다. 내가 그에게서 받은 넘치는 사랑과 기쁨이 이 책을 읽는 모든 이에게도 고스란히 전해지리라 믿는다.

_손숙(연극인, 전 환경부 장관)

저자 유영구는 자전적 에세이를 펴내면서 『농담의 쓸모』라는 제목을 붙였는데, 저자를 아는 사람들은 무릎을 치면서 '딱이다!'라고 공감할 것이다.

유영구는 타고난 유머감각으로 주위 사람을 즐겁게 해주는 것이 거의 일상사다. 그런데 그의 유머는 그냥 지나가는 우스갯소리가 아니라 항상 '인생이 스며 있는 농담'이다. 그렇기 때문에 이 책은 신변잡기가 아니라 뛰어난 산문이라는 찬사를 보내게 된다.

_유홍준(국립중앙박물관장, 미술사가)

/ 저자의 말 /

# 농담처럼 살아온 삶에 관한 변명

인생을 항해라고 한다면 나의 인생은 순항인지 표류인지 영 석연치 않다. 목적지를 알 수 없는 기나긴 항해 동안 거대한 파도 앞에서 속수무책일 때도 있었고, 거친 바닷바람에 좌초의 위기를 겪기도 했다. 그러다가 잠시 잠잠해진 바다 위에서는 망중한을 보냈다.

다만 지나온 여정이 내 의지대로 항해한 것인지 그저 바람 부는 대로 물결치는 대로 표류한 것인지는 알 수 없다. 치열하게 산 것 같지 않다는 생각이 들 때는 내가 타고 있는 배가 유람선 같았고, 나의 결백함을 증명하기 위해 법정 다툼을 벌일 때는 타고 있는 배가 전함 같기도 했다. 하지만 이제는 유람선이든 전함이든 간에 배의 닻을 올릴 때가 아니라 서서히 내려야 할 때다. 그리고 긴 항해의 시간을 되돌아봐야 하지 않겠는가. 무엇보다 이제 와 돌이켜 보니 내가 탄 배는 유람선도 전함도 아닌 노아의 방주였다. 여러 분들의 도움으로 그 방주를 타고 무탈하고 안전하게 여기까지 올 수 있었던 것이다.

나의 일생을 돌이켜보면 모든 면에서 경계선에 서 있지 않았나 싶다. 우선 기독교신자로서 독실하지 못했다. 물론 그렇다고 해서 무신론자는 아니다. 또한 아날로그와 디지털 사이를 오갔으며, 현실주의자와 이상주의자의 경계 또한 넘나들며 살았다. 그뿐 아니다.

나의 활동도 대부분 경계인의 삶을 닮아 있다. 나는 문화체육관광부를 두고도 문화와 체육은 함께 묶어놓으면 안 된다고 말해왔다. 하지만 정작 나의 활동은 문화와 체육을 넘나들었다. 체육 분야에서도 마찬가지다. 야구계에서 나는 KBO 총재까지 지낸 영원한 야구인이지만, 테니스계에서는 대한테니스협회 부회장이자 만년 테니스인이다. 근 40년 가까이 테니스를 쳤으니 테니스는 야구만큼이나 사랑하는 스포츠라 자부할 만하다. 1979년에는 아버지께 명지대에 테니스팀을 창단할 것을 건의했고, 이후 그 팀은 명실상부 대한민국 최고의 테니스 선수들을 배출해 냈다. 국가대표 선수만 30명 넘게 배출했으며 대표팀 감독도 대여섯 명이나 배출했으니 자랑할 만하지 않은가. 그러니 체육계에서조차 야구와 테니스의 경계에 서 있었던 것이다.

개인적인 삶에서도 마찬가지다. 혹자는 나를 부자라고 생각하겠지만 그것은 착각이다. 무주택자인 나는 부자이지도 않고 가난하지도 않은, 그 역시 경계의 삶을 살고 있다. 게다가 집에서 아내는 나를 폭군쯤으로 여기지만 내 생각에 나는 더할 나위 없는 공처가다. 그뿐인가. 몹쓸 오지랖 덕분에 분야를 넘나들며 교우하다 보니 그들에게도 내 모습은 모두 제각각일 것이다. 이렇듯 불명확한 삶을 살았지만 경계선 위에 서서 상생의 길을 찾고자 애썼다고 위안해 본다.

다만 이 나이가 되고 보니 또 한 가지 석연치 않은 점이 있다. 내가 누군가의 삶에 디딤돌인 적이 많았는지 걸림돌인 적이 많았는지 잘 모르겠다. 내가 누군가에게 디딤돌이 되었다면 그로 인해 반드시 누군가에게는 걸림돌이 되었을 터이니, 그 소외된 분들은 내게 갚을 수 없는 빚으로 남아 있는 셈이다.

살면서 굴곡이 많았다. 누군들 그렇지 않겠는가마는 나 역시 그랬다. 작은 일과 큰일을 겪으며 그때마다 농담으로 그 시기를 건너곤 했다. 어떤 때는 기를 쓰고 농담을 하려고 애쓰기도 했으나 그럴 때 하는 농담은 그다지 근사하지 못했다. 하지만 그 농담이 나 자신을 위로해 주곤 했다. 내 농담이 다른 사람을 행복하게 만들지는 못했을 것이다. 내게 그런 능력이 어디 있겠나. 그러나 내 농담이 다른 사람의 어떤 순간을 잠깐이나마 위로한다면, 잠깐이나마 웃음 짓게 한다면, 그것만으로도 얼마나 고마운 일인가 생각해 본다.

사람 사는 일들이 점점 더 각박해지고 점점 더 사나워지는 듯하다. 그런데 내가 늙어보니 그렇게 각박하고 사나웠던 순간들이 실은 별것 아니었다는 생각이 든다. 내가 이 생을 떠날 때 간직하고 싶은 기억은 그런 것들이 아니라, 누군가와 함께 먹었던 음식의 맛, 함께 나누었던 대화, 그리고 무엇보다 웃음의 기억들이라는 것을 안다. 그래서 그 별것 아닌 기억을 쓴 글들을 모아보았다. 그런데 모아놓고 보니 흐뭇한 웃음이 나오기는커녕 부끄럽다.

이 원고는 내 삶을 정리해서 혼자 보려고 써온 터라 책으로 엮어내자는 제안을 받고서도 한동안 망설였다. 하지만 이제는 지인들의 성화에 못 이기는 척 원고를 내어주고자 한다. 유독 농담에 인색한 우리 사회에서 나의 농담이 서로를 이해하는 디딤돌이 될 수 있겠다는 생각이 든다. 혹은 누군가에게는 낭패를 보거나 기진맥진했을 때 눈물을 훔치며 웃을 수 있는 여유를 줄 수 있지 않을까. 인생이란 웃어넘길 일은 아니지만 웃음이 없는 삶은 상상할 수 없지 않은가.

감사의 인사는 따로 쓰지 않으려 한다. 쓰다 보면 기네스북에 오를 정도로 감사의 글이 긴 책이 될 터이니 말이다.

2025년 9월
약수동 방목헌에서

오스카 와일드는 말했다.
"과거에는 문학가들이 글을 쓰고
독자들이 책을 읽었다.
오늘날에는 독자들이 책을 쓰고
아무도 읽지 않는다."

**차례**

10    저자의 말 _ 농담처럼 살아온 삶에 관한 변명

**1장**

**살며 사랑하며 떠나기에도 인생은 짧다** _ 삶의 의미

23    세상에서 가장 아름다운 착각
31    아내가 있는 남자로 산다는 것
41    살면서 가장 힘든 일은 죽음에 익숙해지는 일
49    나 떠나는 것도 안 보려 하느냐
53    아들이었을 때는 몰랐던 부모의 마음
61    사랑스러운 마음들

**2장**

**내가 만난 사람들이 곧 나의 인생이다** _ 만남과 이별

67    나의 가장 나쁜 친구, 조영래 변호사
78    내 친구 손학규를 위한 변명
86    이어령 선생의 번뇌를 베는 칼
91    동주 이용희 선생이 숨겨둔 선물
98    김영삼 대통령의 위험한 농담

103  태평관기영회를 그리워하며
113  김동길 선생의 밥값
118  이 밤에 어디서 자나 슈샨보이
122  인생에 '만약'은 없다
127  말의 정신을 이해했던 박태근 선생을 기리며
141  김동건 형과 〈가요무대〉
145  손숙 누님의 환경부 장관 취임
151  '영원'보다 값진 '잠깐'


3장

결국 인생은 우리 모두를 철학자로 만든다 _ 사유와 행동

157  원칙과 원칙이 부딪힐 때
164  배려가 갖추어야 할 미덕
170  '나의' 문화유산 답사기
175  온정과 한푼의 가치
181  산은 산이요 물은 물이로다
186  사후약방문이라도 하는 게 낫다
193  교회는 거울이다

## 4장

### 나는 야구에 인생을 물었다 _ 야구와 나

- 201  꼴찌 팀에게 보내는 갈채
- 209  천국과 지옥
- 219  야구가 인생의 축소판인 이유
- 227  나는 9회 말 투아웃 주자였다
- 234  못다 한 나의 야구 짝사랑
- 242  야구와 함께한 내 인생의 화양연화


## 5장

### 생의 매순간 농담이 필요하다 _ 농담의 쓸모

- 251  관용과 예의의 차이
- 257  유머는 고래도 춤추게 한다
- 263  때론 뻔뻔함이 필요하다
- 267  명지여고의 그늘
- 272  시대문구의 외자 이름 총장님들
- 276  가짜 장로에게 주신 하나님의 은혜
- 284  합창과 유머로 잇는 다리
- 292  일본의 양심

## 6장

삶의 고통에 이유는 없지만 의미는 있더라 _ 1평 살이

- 303   고난은 극복하는 것이 아니라 통과하는 것이다
- 310   "어쩌다 오셨어요?"
- 314   슬기로운 나의 영월 생활
- 320   어떤 위로
- 326   다만 고난만 주신 게 아니었다

1장

삶의 의미

# 살며 사랑하며 떠나기에도
# 인생은 짧다

## 세상에서 가장 아름다운 착각

'그리움.'

아버지를 생각하면 가장 먼저 떠오르는 단어다. 하루 종일 아버지 생각만 하라고 해도 그럴 수 있을 정도로 나에게는 아버지에 관한 추억과 일화 그리고 후회가 많다. 이제 내 나이는 아버지가 돌아가실 때의 연세보다 더 많아졌다. 하지만 이 나이에 이르러서도 아버지를 생각하면 나는 언제나 철이 덜든, 한참은 더 배워야 할 어리석은 자식 같기만 하다.

한번은 형제들끼리 모여 아버지에 관한 이야기꽃을 피우며 아버지가 자식들 교육 하나는 정말 잘하셨다는 데

만장일치로 동의했다. 하나같이 아버지의 사랑을 가장 많이 받은 자식은 본인이라고 굳게 믿고 있었기 때문이다.

"무슨 소리예요, 형. 아버지는 형보다 나를 더 사랑하셨지."

"어머, 다들 착각하고 있었네. 아버지 사랑은 내가 젤 많이 받았지. 오빠들보다 나를 훨씬 더 예뻐하셨잖아요."

막내까지 환갑을 넘긴 지가 꽤 오래되었으니 우리는 모두 이런 착각을 하고 있을 나이는 아니다. 그런데도 이렇게 아버지의 사랑에 관해서라면 어린 시절로 돌아간 듯 서로 옥신각신 다투어 이야기를 하게 된다. 아니 아버지는 대체 무슨 수를 쓰셨길래 다 늙은 자식들이 여태껏 이런 착각을 하면서 살게 하셨단 말인가.

사정은 이랬다. 나는 장남이니 당연히 사랑을 받았고, 막내는 또 막내이자 유일한 딸이니 귀여움을 한 몸에 받았고, 병약하게 자란 셋째는 항상 보살펴야 하니 다른 자식보다 더 마음을 쓰셨다. 둘째에게는 미안한 말이지만 크는 내내 형제들 중 제일 말썽쟁이였으니 아버지가 각별히 신경을 쓸 수밖에 없으셨다.

물론 반대로 생각해 볼 수도 있다. 아버지가 자식들 중

자기만 미워하셨다고 기억할 수도 있다는 말이다. 가령 말썽을 많이 부렸으니 미워하셨을 거야, 몸이 약하니 성가셨을 거야, 딸이니 하대하셨을 거야, 장남이라고 다그치기만 하셨지……. 이렇게 생각할 수도 있을 텐데 아버지는 도대체 무슨 수를 쓰셨길래 자식들 모두 하나같이 자신은 사랑만 받았다며 감사해하는 걸까.

아버지는 평생 교육자이셨기에 엄할 때는 보통 엄한 게 아니셨다. 그런 아버지를 누구보다 잘 알고 있으면서도 나는 고등학교 시절 새 학기가 시작될 때마다 며칠씩 학교를 안 가는 이상한 버릇을 갖고 있었다. 첫날에는 수업 진도도 안 나가고 아이들 모두 우왕좌왕할 텐데 학교에 가면 뭐하나 싶었다. 그렇게 학교도 가지 않고 집에서 뒹굴뒹굴하다 보면 결석한 나의 근황이 궁금한 친구들이 우르르 집으로 몰려와서는 새 학기 소식을 전하며 한바탕 소란을 피우는 재미도 있었다.

그러다가 결석이 하루 이틀도 아니고 일주일이나 이어지자 마침내 학교에서 아버지께 연락을 한 모양이었다. 내가 그 사실을 나중에 알았기에 망정이지 미리 알았더라면

'이제, 나는 죽었구나!' 하면서 산뜩 쫄아 있었을 것이다. 그런데 놀랍게도 호통을 들은 사람은 내가 아니라 전화를 걸어 내 결석 사실을 알린 담임 선생님이었다.

"학생이 학교에 안 나오면 그 이유를 알아보고 훈도할 생각을 해야지, 어찌 부모에게 알리는 게 먼저입니까? 부모에게 알리기만 하면 된다고 생각한다면 그건 제대로 된 선생이 아니오. 간첩 신고하는 것도 아니고 말이오."

장기판에서 포가 포를 잡지 못하듯, 담임 선생님은 본인보다 교육자 생활을 몇 배나 더 한 우리 아버지를 이길 수 없었다. 물론 나도 야단을 맞았다.

"학교가 공부만 배우러 다니는 곳이더냐? 어찌 학생이 이런저런 핑계를 대서 학교 안 갈 궁리를 하느냐 말이다!"

이렇게 야단 듣는 일은 어릴 때만의 일이 아니었다. 훗날 내가 재단 상임감사 자리에 있을 때까지도 종종 야단을 듣곤 했다.

명지재단에서 관동대를 맡고 있을 때의 일이다. 관동대의 조경 담당자가 신축 건물이 들어선 곳에다가 학교 내 다른 장소에 있던 소나무 몇 그루를 옮겨 심었다. 새로 사다 심느니 그 편이 더 손쉽다고 생각한 모양인데 아버지는 소나무 자리가 달라진 것을 금세 알아차리셨다.

"누가 소나무를 옮겨 심었습니까?"

조경 담당자는 아버지의 목소리에서 노기가 느껴졌는지 핑계를 대고 말았다.

"애지중지 키운 나무를 단번에 뽑아버리다니……. 나무 한 그루 키우는 데 몇십 년이 걸린다는 걸 누구보다 잘 아는 사람이 어찌 이런 짓을 벌인 겁니까?"

소식을 듣고 그 자리에 가보니 아버지는 노발대발하시며 호통을 치고 계셨다. 조경 담당자는 난데없이 야단을 맞다 보니 좀 억울한 생각도 들었을 것이다. 나무를 죽인 것도, 내다 버린 것도 아니고 단지 옮겨 심은 건데 저렇게까지 역정을 내실 일인가 하고 말이다. 그래서 나 역시 불퉁스럽게 옮긴 자리에서도 잘 크면 되지 않느냐고 맞받아쳤다.

하지만 이후 옮겨 심어놓은 소나무는 모두 다 죽어버렸다. 나 역시 다시 한번 아버지한테 기가 죽었다. 이 일화를 알고 있는 한 지인은 내가 노래방에서 애창곡인 「불효자는 웁니다」를 부를 때마다 "혹시 그 소나무 생각하고 있나?"라고 묻곤 했다.

아버지는 내 인생에서 그 누구보다 가까운 친구이기도 했다. 그런 아버지가 혼수상태가 되어 돌아가실 때까지 의식이 없으신 채로 병원에만 계셨기에 나는 1년 2개월 내내 단 하루도 빠짐없이 아버지를 찾아뵈었다. 어떤 날은 가만히 앉아 있기도 하고, 때로는 혼자 중얼중얼 아버지께 말을 건네기도 했다. 어디 가서 하룻밤을 자고 와야 하는 일이 있으면 떠나기 전 새벽녘에 잠깐 얼굴이라도 뵙고, 또 돌아와서는 한밤중에라도 꼭 얼굴을 뵈었다.

혼수상태인 사람도 청각만큼은 어느 정도 제 기능을 한다는 것을 알고 있었기 때문에 내 목소리와 인기척만큼은 매일 들려드리고 싶었다. 당시 아버지는 12층 병실에 계셨는데 담당 간호사는 내가 엘리베이터에서 내려 복도를 걸어 병실로 향하면 그 발자국 소리만 듣고도 얼굴에 미소를 지으신다고 했다. 의식이 없어도 자식에 대한 사랑과 반가움만큼은 아버지의 마음속에 잔상으로 남아 있었던 것이다. 그러니 어찌 내가 매일 안 찾아뵐 수가 있겠는가. 하루 종일이라도 그 복도를 걸어다닐 수 있을 것 같았다.

1992년, 아버지는 고희의 나이에 타계하셨다. 오랜 시간

병실에 누워 계셨지만 깨어나실 거라는 희망을 버리지 않았기에 아버지가 우리 곁을 아주 떠나셨다는 사실은 너무나 갑작스럽고도 더없이 황망했다.

　아버지의 한평생을 한마디로 말한다면 그건 바로 '사랑'이 아닐까. 무릇 사랑이란 마음에서 우러나오는 것이지만 가정을 포함한 인간 세상에서는 사랑하는 마음과 함께 사랑을 표현하는 방법도 중요하다. 아버지의 사랑은 마음과 표현을 두루 갖춘 것이었다. 이를테면 총론과 각론을 갖춘 사랑, 그리고 나와 남을 함께 아우른 열린 사랑이었다. 아버지는 그토록 사랑이 넘치는 분이셨다. 그러니 자식 모두에게 최고의 사랑을 주실 수 있었던 것이다. 오늘따라 아버지를 향한 그리움이 가득하다.

"세상일이 뜻대로 되어가면

사람들은 이번에는

세상일이 예전 같지 않다고 불평할 것이다."

# 아내가 있는 남자로 산다는 것

내가 그의 이름을 불러주었을 때
그는 내게로 와서 꽃이 되었다.
_김춘수 「꽃」 중에서

아내는 늙어가면서 정리 정돈이라는 새로운 취미가 생겼다. 원래도 깔끔 떨던 사람이라 집안 어디든 물건이 제자리에 놓여 있지 않은 걸 그냥 지나치지 못했다. 다만 젊어서는 다른 할 일이 많아 정리 정돈이 취미가 될 겨를이 없었다.

어느 날 장롱을 열어보니 크고 작은 박스들이 크기와 종류별로 차곡차곡 놓여 있고, 그 안에 옷과 소품들이 크기·색깔·종류별로 가지런히 들어 있었다. 언뜻 보기에도 하루 한나절 만에 한 일이 아닌 걸로 보였다. 무엇보다 그 많은 박스를 종류와 모양대로 사다 나르는 것도 보통 일은 아닌 듯했다. 그러고 보니 그즈음에 다이소를 제집처럼 드나들었던 같다.

아내는 어지간해서는 고가의 물건에 마음을 뺏기지 않는다. 가치 있는 물건을 좋아하는 거야 당연지사지만, 비싸야 좋은 물건이라는 편견이 아예 없는 사람이다. 그 점은 나와 아주 똑같다. 나는 머그잔 모으는 게 취미다. 지금까지 족히 천여 개쯤은 모아놓았는데 그중 아주 귀한 것도 있지만 그 귀함은 돈으로 매겨진 것이 아니다. 머그잔은 저마다 추억을 담고 있어서 어느 하나 소중하지 않은 것이 없기에 가격으로 그 가치를 매길 수 없다. 천 원 정도의 가격을 지불하고 샀지만 나에게는 어마어마한 소장 가치가 있는 것도 있다.

무엇보다 비싼 것에는 마음이 쓰인다. 좋아서 마음이 쓰이는 게 아니라 잘못될까 봐, 자칫 깨지기라도 할까 봐, 잃어버리기라도 할까 봐 마음을 쓰다가 결국 내 마음이 붙잡힌다. 주객이 달라지는 것이다. 그래서 내가 취미생활로 모으는 것은 대개 머그잔이나 북나이프 같은 소소한 물건뿐이다.

그러고 보니 어머니와도 닮은 점이 있다. 어머니의 취미

생활은 시계를 모으는 것이었다. 시계 컬렉터라고 하면 고가의 명품을 모은다고 생각할 수 있겠으나 어머니가 모으신 시계는 명품 시계와는 거리가 멀었다. 길거리에서 우연히 발견한 희한한 디자인의 시계, 진귀한 중고품들 사이에 숨어 있던 시계 같은 것이었다. 그렇게 하나둘 모아오신 시계는 어머니만의 추억이 쌓인 귀한 소장품이 되었다.

문득 아내는 무엇을 담으려고 다이소 박스를 그렇게 사다 날랐을까 궁금했다. 옷이나 소품 말고 본인만의 소장품도 있을 텐데 그게 뭘까 궁금증이 일어서 장롱 속을 빤히 들여다보았다. 그러다 문득 깨우침이 들었다. 담기 위해서는 버리는 것도 있어야 하는 법인데……. 정리정돈에 취미를 갖기 시작했다는 것은 뭔가를 내다 버리기 시작했다는 뜻이기도 하지 않나. 순간 등골이 서늘해졌.

'저러다가 나도 내다 버리려는 건 아니겠지? 잘 붙어 있어야 하는데…….' 이 나이가 되고 보면 세상에서 제일 귀한 존재가 함께 늙어가는 아내라는 것을 알게 된다.

아내와 나는 고등학교 3학년 크리스마스 날 만났다. 그 자리는 당시 중앙고 야구선수였던 내 친구가 주선해 준

자리였는데 그는 이 네의 오빠이시ㄴ 했다. 난생 처음 해보는 여학생들과의 미팅 자리인지라 몇 마디 주고받고는 한동안 멋쩍은 웃음만 지었던 것 같다. 하지만 어색한 분위기를 견디지 못하는 나는 당연히 시답잖은 농담으로 분위기를 바꿔보려 했고, 고맙게도 여학생들은 반응해 주었다. 그때 아내의 표정이 어땠는지는 잘 기억이 나질 않는다. 다만 싫은 기색은 보이지 않았던 것 같다. 제비뽑기로 나와 파트너가 된 후에도 곧잘 웃어주었으니 말이다.

그런데 이 자리를 빌려 한 가지 고백할 게 있다. 이제는 공소시효가 다 지난 일이기에 하는 말인데, 그때 파트너를 정할 때 주선자였던 친구가 슬쩍 여동생의 번호를 미리 나에게 알려주었다. 이 책을 읽으면 아내도 알게 될 사실이지만 이제 와 뭐 어쩌겠나.

그날 이후 우리의 기나긴 인연은 시작되었다. 아내의 집은 우리 집과 100미터 정도 떨어져 있어서 전화를 하지 못할 때는 우리 집 옥상에서 횃불을 켜서 만나자는 신호를 보내곤 했다. 하지만 그 횃불은 1년 만에 꺼지고 말았다. 대학 진학 후 1년 뒤에 아내는 가족 모두 브라질로 이민을 갔기 때문이다. 그때는 우리 인연이 여기서 끝나는구나 생각했었다.

이후 나는 군대를 갔고, 그렇게 아내와의 기억은 조금씩 옅어져만 갔다. 그러던 어느 휴일 날, 부대에서 한창 빨래를 하고 있다가 면회 온 어머니를 만나러 나갔는데 그 자리에 아내가 어머니와 함께 있는 게 아닌가. 내가 군대에 있는 동안 아내는 뉴욕에 있는 작은아버지 집에도 들르고 우리 집도 오가며 지냈던 모양이었다. 군대에 있는 나만 빼고 우리 가족과 아내의 가족 사이에서는 이미 혼인 이야기가 오가는 중이었다. 그렇게 우리는 나의 군 생활 중에 백년가약을 맺었다. 옛말에 처갓집과 뒷간은 멀수록 좋다고 했는데 나보다 처갓집이 먼 사람은 없을 것이다.

나는 건성건성 웃고 지내는 걸 좋아한다. 하지만 아내는 매사 정확하게 판단하고 총명하게 대처한다. 그래서 결혼 생활 내내 나는 아내의 눈 밖에 날 일이 많았다. 그럼에도 불구하고 현명한 아내는 때때마다 지적하지 않았다. 적당한 시기에 한꺼번에 몰아서 조목조목 따져 물었기에 나는 볼멘소리조차 하지 못했다.

그러다가 이제는 완전히 아내에게 지고 들어가야겠다고 마음먹은 계기가 생겼다. 아내는 10대 장손인 나와 결혼해서 내리 딸만 셋을 낳았나. 온 집안이 출산을 맞이할 때마다 마음만 설레다가 낙담하는 일이 이어졌다. 그때마다 정작 당사자인 집사람은 얼마나 민망하고 괴로웠을까? 그러나 아버지는 민망해하는 맏며느리에게 "아가! 수고했다. 걱정 마라. 아들이면 어떻고 딸이면 어떠냐. 건강하게 잘 키워라"라고 따듯한 말씀을 해주셨다.

다만 맏며느리로서 대를 이어야겠다는 생각을 한 아내는 넷째를 사산한 후에도 포기하지 않고 기어이 다섯 번째에 아들을 낳았다. 사실 아내는 네 번의 출산 과정에서 여러 차례 큰 위기를 겪으면서 자신의 목숨을 걸고 아이를 낳았다.

셋째를 출산할 때의 일이다. 당시 아내와 나는 출산을 앞두고 잠시 각방을 쓰고 있었다. 하루는 아침에 일어나 안방에 들어가 보니 방바닥이 온통 피범벅이고 아내는 보이지 않았다. 순간 강도가 들어 큰 봉변을 당한 것 같다는 생각에 정신이 혼미해졌다. 그때 집안일을 도와주는 아주머니가 간밤의 자초지종을 들려주었다.

"새벽에 사모님이 심하게 하혈을 하셔서 구급차에 실려 병원에 가셨어요. 그런데 이사장님은 절대 깨우지 말고 아침에 소식을 전하라고 신신당부하셔서 제가 말씀을 못 드렸어요."

그 길로 나는 애들 둘을 데리고 병원으로 향했다. 제일병원에 도착해 보니 아내는 거의 혼수상태에 빠져 있었다. 퉁퉁 부은 손을 잡고 어쩔 줄 몰라 하고 있는데 담당 의사 선생님이 들어오셨다.

"환자분이 지금 수혈 거부 반응이 와서 위급한 상황입니다. 당장 수술에 들어가야 합니다."

보호자 날인에 사인을 하고 아이 둘과 함께 병원 복도에 앉아 있자니 너무나 막막했다. 배고프다고 칭얼대는 아이들을 끌어안고 간절히 기도하는 것 외에 내가 할 수 있는 일은 없었다. 그리고 아내와 아이 모두 무사하다는 기적과도 같은 소리를 들었다. 그날 이후로는 아들 없는 서운함은 사치였다. 하지만 아내는 포기하지 않았고 결국 다섯 번째 임신을 해서 막내아들을 낳았다.

그날 퇴원해서 집에 오니 아버지가 이런 말씀을 하셨다.

"그간 너의 댁이 딸을 낳을 때마다 요새 아들딸이 어딨느냐고 서운한 기색을 전혀 내지 않았다만, 내 연기가 얼마나 좋았으면 딸만 낳았을까 싶었다. 이제야 이야기한다"

 부모님은 아내를 정말 좋아하셨다. 어떤 면에서는 나보다 더 좋아했던 거 같다. 그도 그럴 것이 나의 빈구석을 채워주는 아내의 현명함을 나열하자면 이 책 한 권만으로 모자랄 지경이다.

 현명한 아내와 함께 산다는 것은 더없이 복된 일이다. 오래전 KBO 총재를 맡게 되었을 때의 일이다. 총재 수락사와 함께 감사 인사를 하는 자리에서 내가 얼마나 야구를 좋아하는지부터 말하고 싶었다. '어려서부터 시작된 나의 야구 사랑은 연애하는 마음과 다를 바가 없었습니다. 그런데 이제 총재까지 맡게 되니 이것은 열렬한 연애가 결혼에 이르는 과정과 같다는 생각이 듭니다.'
 이 말이 나의 진심에서 우러나온 것이기는 하나 혹시 너무 무겁게 여겨질까 하는 노파심에 은근슬쩍 농담을 끼워넣고 싶었다. 연애의 환상으로 결혼의 현실을 직면하면 실망하기 마련인데, 그렇게 되지 않도록 애써야겠다고 짐짓 한번 비틀어 말할 작정이었다. 그런데 그 원고 초록을 물끄러미 내려다보던 아내가 말했다.

"잘한 연애로 인한 결혼은 성공하기 마련이라고 하면 더 좋겠는데……."

나는 그 말에 감탄하며 아내를 바라보았다. 겨우 단어 몇 개 바꾼 건데 의미가 이렇게 달라지다니 나야말로 정말 결혼을 잘했구나 싶었다.

현명한 아내의 충고는 때와 장소를 가리지 않는다. 한번은 식당에서 아내와 함께 밥을 먹고 있다가 지인을 만나게 되었다. 인사를 나누고 각기 밥을 먹다가 도중에 그분이 우리 밥값을 내준 사실을 알게 되었다. 고마운 일이라 감사 인사를 드리려고 그분 테이블로 다가가려고 일어섰다.

속으로 '밥값 내주실 줄 알았으면 좀 많이 먹을 걸 그랬습니다'라고 농을 섞어 인사를 할 참이었다. 그때 아내가 내 옷깃을 끌어당기며 이렇게 말하는 게 아닌가.

"밥값 내주실 줄 알았으면 좀 덜 먹을 걸 그랬습니다, 이렇게 말할 거지?"

마누라 님은 내 속을 훤히 다 들여다보고 있었다. 내가 무슨 말을 할지도 알고 무슨 실수를 저지를지도 안다는 뜻이다. 그러고는 지혜로운 조언까지 들려준다. 그 현명한 아내와 사는 노년은 안온하다. 근 50년의 세월을 함께 보내고 맞는 나날들이 조용하고 때로는 심심하기도 하지만, 그것이 복된 나날임을 안다.

  '고맙습니다. 내가 더 잘할게요.'

○

# 살면서 가장 힘든 일은
# 죽음에 익숙해지는 일

 인생을 살면서 마음 맞는 사람을 만나는 것처럼 어려운 일도 없다. 젊어서는 오래 살수록 더 많은 사람을 알게 되고, 그만큼 좋은 사람도 많이 만나게 될 거라고 기대했다. 하지만 나이가 들어 철이 나면 꼭 그렇지 않다는 것을 깨닫게 된다. 무엇이든 익숙한 것이 좋아지고, 사람도 정든 사람이 점점 더 좋아진다. 가진 것이든 아는 것이든 많은 것이 중요한 게 아니라는 것도 알게 된다. 인연은 더욱 그러하다. 소중한 인연이란 평생을 가는 인연일 텐데 그런 만남은 또 얼마나 드물 것인가.

 내게 온 선물 같은 인연 중에는 매제인 채의병 박사가

있다. 나의 하나뿐인 여동생의 남편이니 채 박사도 나의 하나뿐인 매제다. 장남인 내 밑으로 여동생이 막내로 태어났다. 시커먼 아들놈만 연달아 셋을 낳아 키우다가 딸을 본 부모님의 막내딸에 대한 사랑은 설명이 필요치 않을 것이다.

우리에게도 여동생은 더없이 소중했지만 짓궂은 사내놈들이라 별수 없이 여동생 놀려먹기에 여념이 없었다. 여동생이 나보다 열한 살이나 아래니 내가 큰오빠로서 두 동생을 말려야 했건만, 짓궂음으로 따지면 내가 더했다. 물론 좋아서였다. 부모님이 막내딸을 사랑했듯이 나 역시 막내 여동생이 마냥 좋고 이쁘기만 했다. 여동생도 나를 참 잘 따랐고 좋아했다.

그렇게 온 가족의 사랑을 독차지해 온 여동생이 자기 임자를 찾아 결혼을 하겠다고 했을 때 다들 노심초사했다. 혹시라도 사랑에 눈멀어 믿음이 덜 가는 사람을 데려올까 봐 염려한 것이다. 나는 일면식도 없고 아무 잘못도 하지 않은 그를 두고 '조금이라도 잘못하면 가만 두지 않을 테다' 하면서 벼르고 있었다.

하지만 나의 마음 깊숙한 곳에서는 여동생이 데려올 '그

놈'을 기대하고 있었다. 역시나 여동생은 한눈에도 '됐다' 싶은 짝을 데리고 왔다. 처음 만날 때부터 마음이 가고 좋아지는 사람이 있는데 채 박사가 바로 그랬다. 내가 그토록 사랑하는 여동생이 평생을 함께하겠다고 결심한 사람인데 어련하겠는가. 한눈에도 선한 인품이 느껴졌고, 분명 나와도 좋은 인연이 될 거라는 믿음이 생겼다. 그 믿음이 맞았다는 걸 알게 되기까지는 그리 오래 걸리지 않았다.

매제인 채 박사와 나는 반평생을 남으로 살아온 사람들이 어쩌면 이리도 잘 맞을 수 있을까 싶을 정도로 금세 가까워졌다. 어떤 때는 내가 여동생 편이 아니라 매제 편인 것 같았고, 여동생이 내 친구의 잔소리꾼 아내 같을 때도 있었다. 큰오빠로서 할 짓은 아니지만 여동생만 빼놓고 우리 둘이서 맛있는 것도 먹고 놀러도 많이 다녔다.

그런데 이 친구가 때때로 나를 기막히게 할 때가 있었다. 커피숍에 가면 종이컵이 뜨거우니까 두 개씩 겹쳐주는 데가 있지 않은가. 그런데 이 친구는 두 번째 컵을 빼놓고는 그 뜨거운 걸 참아가며 마시는 것이다.

"자네 왜 그래?"

"아깝잖아요. 새 컵인데 가져길래요."

그때만 해도 농담하는 줄 알았다. 그런데 진짜로 가져가는 게 아닌가. 한 번만 그러는 게 아니라 커피숍에 가면 어김없이 그랬다. 종이컵을 챙길 때마다 만면에 미소를 띠우곤 했다. 그 순진무구하고 밝은 표정은 내내 잊히지 않는다.

매제의 발랄한 근검절약 정신이 결정적으로 돋보였을 때가 있다.

"형님, 보고 싶은 영화가 있으시면 제게 말씀해 주세요."
"아니, 왜 갑자기 영화야?"
"제가 요즘 디브이디 컬렉션에 관심이 많거든요."
"그래? 몇 개나 모았나?"
"족히 오백 개는 넘습니다."

그 정도로 많이 모으려면 꽤나 오랫동안 모아왔을 텐데 왜 그동안 통 말이 없었는지 궁금하기도 해서 직접 가봤다. 그랬더니 정말로 오백 개는 넘는 디브이디가 빼곡하게 진열되어 있었다. 그런데 그 면면이 다소 수상쩍었다. 죄다 길거리표 디브이디였던 것이다.

"형님, 이거 전부 자유로 길가에 세워둔 트럭에서 샀습니다."

"자유로에서 디브이디 파는 트럭을 발견할 때마다 차를 세워서 샀단 말인가?"

"아니요. 한 트럭에서 한꺼번에 다 샀습니다. 너무 싸서 사면 살수록 이득이더라고요."

종이컵 하나도 아깝다며 챙기는 사람이 오백 개가 넘는 디브이디를 사놓고는 큰 이득을 보았다고 좋아하다니. 참고로 말하자면 그때 매제는 대학병원의 뇌신경과 교수였다.

매제는 이렇게 가끔 엉뚱하기는 했지만 항상 반듯한 사람이었다. 그 무엇도 함부로 버리지 않고, 함부로 깨지 않고, 함부로 다치게 하지 않았다. 본인에게는 인색했지만 남에게는 넘치게 주는 사람이었다. 누구보다 내게 그러했다. 우리 둘은 자주 여행도 같이 다니고 맛있는 음식도 먹으러 다녔다. 먹는 취향과 양 모두 나와 비슷한 매제는 늘 맛있게 잘 먹었다.

한번은 둘이서 양고기를 먹으러 간 적이 있다. 양고기는 우리 둘 다 좋아하고 잘 먹는 음식이라 넉넉히 시켜서 '너 반, 나 반' 이렇게 먹자고 했다. 그런데 그날따라 매제는 영 시원찮게 먹었다. 보통 때라면 충분히 다 먹었을 양을 굳이 낡기더니 역시나 그답게 싸늘타고 성했다. 그때는 몰랐다. 매제의 몸속에 몹쓸 병이 시작되고 있었다는 것을 말이다. 늘 그다운 모습에 마음을 놓고 있어서 몰랐던 것이다.

암 투병을 하는 매제와 나는 예전처럼 자주 만났고 언제나처럼 웃었다. 적어도 그러려고 노력은 했다. 그러나 먹는 것만큼은 예전과 달랐다. 매제는 점점 전처럼 먹지 못했고 웃지도 못했다. 내 마음은 매일매일 무너져갔다.

매제가 우리 곁을 떠날 날이 얼마 남지 않았다는 걸 알았지만, 내가 할 수 있는 일은 아무것도 없었다. 좋은 데를 데려갈 수도, 맛있는 걸 사줄 수도 없었다. 모든 게 소용없었다. 그러자니 내가 할 수 있는 일은 이야기나 들려주는 것인데, 가진 이야기라 해봤자 실없는 추억들밖에 없었다. 그래도 하고 또 했다. 매제가 너무 아파서 들을 수조차 없을 때는 내 마음속으로라도 했다. 가는 길이 조금이라도 가벼웠으면 했다. 영영 안 갔으면 싶었고 영영 안 보내고 싶었으나 그러지 못하니 조금이라도 가볍게 떠나기만을 바랐다.

이제 매제는 하늘에서 나를 내려다보고 있다. 내가 자기 안사람을 잘 챙기는지 보고 있을 뿐 아니라, 커피숍에 가면 새 종이컵을 잘 챙기는지도 보고 있을 것만 같다. 나는 매제처럼 종이컵은 챙기지 않는다. 하지만 그에 대한 추억은 새기고 또 되새긴다.

매제와 함께 그 재미난 시간들을 같이 보낼 때 우스운 소리는 주로 내가 했다. 그러나 이제는 매제를 추억하며, 매제가 했던 엉뚱한 짓을 떠올리며 내가 웃는다. 가는 길이 가벼웠으면 하는 바람을 담아 이런저런 얘기를 했더니 이제는 오히려 그가 남겨놓은 추억이 내 삶을 위로하고 있다. 평생의 인연이란 이렇게 이승과 저승으로 갈려서도 이어지는 모양이다.

"살면서 가장 힘든 일은

죽음에 익숙해지지 않는 것이다.

살면서 더욱 힘든 일은

죽음에 익숙해지는 것이다."

○

# 나 떠나는 것도 안 보려 하느냐

삶은 우리가 기대하는 것을
우리에게 줄 의무는 없다.

우리집 셋째인 유병우 목사는 나와 일곱 살 터울이다. 어릴 때는 워낙 몸이 약하고 병치레가 잦은 탓에 마음이 쓰였고, 목회자의 길을 가게 된 후로는 혹시 외롭지나 않을까 늘 걱정되었다. 목회자로 살면 하나님의 사랑을 듬뿍 받을 터인데 무슨 걱정인가 하겠지만, 하나님 말씀을 전하는 일이 사람들 사이에서는 때때로 고난의 길이기도 하기에 형으로서는 마냥 축복하고 기뻐할 수만은 없었다.

그가 목회를 성실하고 훌륭하게 잘 해내고 은퇴할 나이에 이르렀을 무렵이었다. 동생은 목사의 정년인 70세가 되기 전인 68세에 자진 은퇴를 했다. 역시나 건강 문제가 컸다. 어려서도 병약하더니 목사가 된 후에도 이런저런 병고에 시달렸다. 그래서 은퇴 송별사에도 그런 말이 들어갔다. "저는 바이러스와 함께 목회를 시작해 바이러스와 함께 떠나게 되었습니다"라고 말이다.

사스가 기승을 부릴 때 대학교회에 부임하여 그 제목으로 기도를 시작했기 때문이다. 그리고 메르스 때는 본인의 병이 발병하여 메르스 관련 설교가 더욱 각별했고, 그즈음에 식도암 판정을 받았다. 이후 항암을 잘 받고 건강을 유지할 수 있었던 것은 모두 기도의 힘 덕분이었을 것이다. 그런데도 코로나 시국에 이르러 정년이 2년이나 남았는데도 은퇴를 서두른 것은 본인의 건강 문제가 교회에 누가 될까 봐 염려스러웠기 때문이다.

그는 좋게 말하면 성실한 목사였고, 나쁘게 말하면 결벽증이 있는 목사였다. 설교문 하나 작성하는 데에도 사나흘 밤낮을 매달렸고, 기도 제목 하나 잡는 데도 신중에 신중을 거듭했으니 힘에 부치기도 했을 것이다. 그래도 본인이 힘든 것은 개의치 않고 언제나 교회와 신도들을 더 많이 걱정했다.

동생의 은퇴식 날, 나도 그 은퇴 예배에 참석했다. 사실 평소에는 동생의 교회에 가지 않는다. 아무리 목사라고 해도 동생의 설교를 듣는 것이 영 어색해서였는데 이번에는 그럴 수 없었다.

"형은 나 떠나는 것도 안 볼 참이에요?"

타박하는 듯한 동생의 말에 내 마음이 움직였다. '떠난다'는 말은 다소 과한 표현이지만 어쩐지 애틋했다. 순간 동생보다 일곱 살이나 많은 내 나이가 새삼 환기되어 울적하기도 했다. 교회에 들어서며 받아 든 순서지를 보는데 송별사 제목이 내 눈길을 끌었다.

'떠나는 사람의 뒷모습이 아름답다.'

내 마음을 잘 대변해 주는 송별사 같아서 내심 기대하고 있었는데, 나와 같이 순서지를 보던 여동생이 내 옆구리를 쿡쿡 찌르며 말했다.

"무슨 송별사가 고속도로 휴게소 화장실 문에 붙어 있는 말 같네."

이렇게 숙연한 자리에서 하필 그런 말을 하다니. 나는 터져 나오는 웃음을 참을 수가 없었다. 한편으론 그보다 더 적합한 표현도 없겠구나 싶었다. 떠날 때는 가는 사람도 보내는 사람도 미련 한 톨 남기지 않고 깔끔히게 띠니는 것이 최선이고, 그게 가장 아름답다. 깔끔함으로 따지자면 내 동생만 한 사람도 없다. 결벽증에 가까울 정도로 깔끔한 성격 탓에 더할 나위 없이 신실한 목회자로 평가받았던 동생의 은퇴식을 바라보는 내 마음이 순간 훈훈해졌다.

한편으로는 내가 떠나온 자리들도 떠올랐다. 그동안 나는 어떤 뒷모습을 남겨 왔을까? 대개는 임기 만료로 마무리했지만, 피치 못할 여러 가지 불미스러운 일로 떠난 적도 있다. 특히 KBO를 떠날 때 나로서는 야구인들에게 큰 죄와 실망을 남기고 떠난 셈이어서 내내 마음의 빚으로 남아 있다. 다만 나는 어느 조직에서든 내가 떠나는 것이 그 조직이나 기관에 마지막으로 공헌하는 일이라는 나름의 철학을 갖고 있다. 그러니 나의 떠나는 뒷모습도 아름다웠다고 자부해 볼 수 있지 않을까.

○
# 아들이었을 때는 몰랐던 부모의 마음

우리 부부는 슬하에 딸 셋 그리고 아들 하나를 두었다. 모두 서너 살 터울로, 큰딸과 막내는 열 살이나 나이 차이가 난다. 그러니 나는 근 10년 동안은 아이들이 태어나는 걸 지켜보며 그 기쁨으로 산 셈인데, 그때는 그 시간이 고마운 줄도 모르고 살았다. 아이들이 태어나 자라나던 때는 나의 젊은 시절을 사느라 바빴다. 세상과 부딪히고 사람들과 어울리느라 바쁘지 않은 날들이 없었다. 이렇듯 소중하고 고마운 것은 언제나 세월이 많이 흘러 돌이킬 수 없는 순간에 이르러서야 깨달음으로 다가온다. 다행히 아이들은 잘 커주었다. 고맙고 또 고마운 일이다.

그중 첫째 딸은 언제 컸는지도 모르게 쑥쑥 자리 제 몫의 삶을 똑 부러지게 살았다. 어느 날 그 아이가 느닷없이 내게 고백을 해오는 게 아닌가.

"아빠, 저…… 그 남자하고 결혼할까 싶어요."

"……"

나는 한동안 말을 잇지 못했다. 성인이 된 딸아이가 좋은 짝을 만나 결혼을 하는 건 당연지사이거늘 그게 무슨 난데없는 일인 마냥 가슴이 벌렁벌렁 뛰었다. 만나는 남자가 있다는 건 이미 알고 있었고 혹여 지금과 같은 순간이 오면 아비로서 어떻게 해야 할지 염두에 두기도 했건만 막상 그 순간이 오니 하나도 기억나지 않았다. 기억이 났더라도 소용없었을 것이다. 딸아이도 그렇겠지만 이 모든 일이 나에게는 처음 겪는 일이지 않은가.

그리고 그날이 왔다. 딸아이가 나의 예비 사위를 집에 데리고 온 것이다. 근엄하고 멋진 인사말은 고사하고 대체 이 친구를 뭐라고 불러야 할지부터 걱정이었다. 아직 사위도 아니니 '~서방'이라 부를 수도 없고, '~씨'라고 깍듯이 부를 수도 없고, '너'라고 부를 수도 없는 노릇 아닌가.

예비 사위와의 첫 만남은 그런 궁리를 하느라 허둥지둥

한 기억밖에 없다. 내 딸아이와 평생을 함께할 남자니 괜찮은 놈인지, 나쁜 놈인지, 내 딸과 잘 어울리기는 할지 요리조리 살펴보고 뜯어보고 또 뜯어봤어야 했는데 내 머릿속이 복잡해서 얼렁뚱땅 그를 맞이하고 말았다. 이후에도 마찬가지였다. 결혼하느라 정신없는 딸보다 내가 아비 노릇 하느라 더 정신이 없었고, 그러다 보니 '어' 하는 순간에 상견례 날짜가 다가왔다. 상견례만큼은 만반의 준비를 해서 각별히 치르리라 마음먹었다.

딸아이의 결혼이 우리 집안에서는 개혼(開婚)이지만 사돈댁에서는 마지막 혼사인 필혼(畢婚)이었다. 사돈댁에서는 네 명의 자제 중 막내아들의 혼사였던 것이다. 결혼에 관한 한 대선배를 만나는 셈이었다. 그러니 결혼을 준비하는 과정에서 나는 여러모로 미숙했다.

원래 상견례만큼 어색한 자리도 없다. 내가 아는 지인 중 한 명은 상견례 자리가 너무 어색한 나머지 말이 끊길 때마다 한 잔씩 술을 권하다가 그만 대취해 버렸다고 한다. 하지만 나는 술도 마시지 않기에 그 어색함을 무엇으로 풀어야 할지 난감했다. 다만 나에게는 그런 어색한 분위기를 화기애애하게 바꿀 비장의 재주가 있지 않은가. 나만의 필살기인 농담을 쓸 때가 왔다는 걸 직감했다.

"제가 딸아이를 예뻐만 했지 딱히 잘 가르치지는 못했습니다. 그래도 한 가지 교육만큼은 제대로 똑 부러지게 시켰습니다."

"이렇게 잘 키우시고 무슨 말씀이세요. 그런데 그 한 가지가 뭔지 여쭤봐도 되겠습니까?"

"다른 건 몰라도 좋은 배필 만나는 법 하나는 똑똑하게 가르쳤습니다. 제 어미를 닮아 이 점은 아주 잘 배웠습니다."

나의 대답을 들은 사돈은 원하는 답을 듣지 못한 것처럼 여전히 궁금하다는 표정으로 나를 빤히 바라보았다.

"사돈, 농담이었습니다. 좋은 사위 만났다는 말을 돌려 말한 것입니다."

낭패도 이런 낭패가 따로 없었다. 다시 진땀이 나기 시작했다. 상견례 자리가 어색한 나머지 대취하고 말았다는 누군가의 일화가 결코 남 일이 아니었다.

아마 사돈도 긴장하고 계셨던 탓이리라. 아무리 여러 번 경험한 일이라고 해도 자식의 결혼은 매번 처음 겪는 일처럼 긴장되고 떨리는 일이라는 걸 나는 그때 사돈을 보고 깨달았다. 내가 우리 집안의 개혼에 각별함을 느끼는 것만큼이나 사돈 역시 집안의 필혼에 큰 의미를 갖고 있었던 것이다.

사돈의 그 각별함이 내게는 난데없는 선물로 돌아왔다. 사돈댁에서 결혼식 비용을 전부 대겠다는 게 아닌가. 그건 경우가 아니라고 아무리 사양을 해도 소용없었다. 그러니 '이런 횡재가……'라고 생각하고 싶었으나 사정이 그렇지가 못했다. 사돈의 마음을 십분 짐작한다고는 하더라도 그게 넘치는 선물이기도 하거니와 그 선물에는 현실적인 문제가 따르기 때문이었다. 너무 많이 부르면 뻔뻔해 보일 수 있고, 너무 적게 부르면 저 양반이 사회생활을 어찌 했나 이상하게 볼 수도 있으니 말이다. 사돈의 선물은 그저 마음으로만 감사히 받았다.

결혼식 내내 나는 딸아이 걱정에 안절부절못했다. 딸아이가 저 혼자만의 삶은 어느 누구보다 똑 부러지게 잘 챙기며 살았지만, 낯선 시댁 식구들과 관계를 맺고 제 가정을 이루며 사는 것은 또 다른 삶이므로 아비로서 염려하는 마음이 생기는 건 어쩔 수 없지 않은가. 이런저런 걱정과 기대 속에 결혼식은 그야말로 순식간에 지나갔다. 그 몇 달 간의 과정이 내게는 섭섭하기는커녕 허둥시둥 떨쩔매는 시간이었다.

딸아이와 사위가 신혼여행지로 떠나고 집안 어른들까지 배웅하고 나니 그제야 무사히 잘 끝났구나 하는 안도감이 들었다. 큰 숙제를 마쳤으니 이제 집으로 돌아가면 섭섭한 마음보다는 후련한 기분이 앞설 것 같았다. 하지만 막상 집에 들어서니 마음 한 켠이 휑했다. 겨우 딸아이 하나 출가시킨 것뿐인데 집안의 공기마저 달라진 것 같았다.
나도 모르게 발걸음이 안방이 아닌 딸아이의 방으로 향했다. 문을 열고 방 안을 훑어보는데 이제는 이 방에서 딸아이를 볼 일이 없겠구나 하는 서운함이 왈칵 밀려들었다. 이럴 줄 알았으면 평소에 조금이라도 더 잘해줄 걸……. 갑자기 코끝이 찡해지더니 순간 눈물이 확 고여왔다.
세상에나……. 딸아이를 결혼시키고 내가 울 줄이야. 다들 울게 될 거라고 말했지만 나는 아닐 거라고 장담했는데 역시나 말처럼 되는 일은 많지 않다. 집사람이 볼세라 얼른 눈가에 고인 눈물을 닦았다. 그때 아내가 방문을 열고 들어왔다.

"빈방에서 뭐 하고 있어요?"

"혹시 뭐, 편지라도 한 장 써두고 갔나 해서……."

"어서 나와요. 피곤한데 쉬세요."

이후로도 첫째의 부재로 인한 섭섭함과 그리움은 시시때때로 나를 울적하게 했다. 이 글을 읽으면 둘째와 셋째가 서운해 할는지도 모르겠다. 무엇보다 아비로서의 나의 바람이 이루어지지 못할 수도 있다. 그 바람은 다름 아니라 우리 형제들이 그랬듯이 훗날 내가 떠난 후 우리 아이들도 서로 '아버지는 나를 더 사랑했다'며 옥신각신했으면 좋겠다는 것이다. 그렇다면 이 글은 문제의 소지가 다분할 테지만, 큰딸은 나의 첫정이고 우리 집안의 첫 번째 결혼이라 부득이 더 서운했다고 변명 아닌 변명을 해본다.

"피아노를 가졌다고 해서

누구나 피아니스트가 되는 것은 아니다.

자녀를 가졌다고 해서

누구나 부모가 되는 것도 아니다."

○

# 사랑스러운 마음들

교육은 본보기와 사랑일 뿐
그 외엔 아무것도 아니다.

　명지대학교에서는 2001년부터 부활절을 맞아 세족식을 하기 시작했다. 예수님이 제자들을 섬긴 정신을 실천하고자 교수와 교직원들이 학생들의 발을 씻겨주는 의식이다. 용서하고 사랑하고 섬기라는 예수님의 말씀은 거룩하기 그지없지만, 세족식은 마냥 거룩하지 않을 때가 많다. 학생들 입장에서는 연로하신 교수님과 교직원들에게 발을 내밀고 있는 게 영 어색하기 때문이다.

　실제로 세족식을 하는 학생들을 보면 취지가 무색할 때도 있다. 난처한 표정을 짓고 있거나 때로는 웃음을 터뜨리기도 하는데, 간지럼을 타듯이 한번 터진 웃음을 그치지 못하는 학생들도 있다. 그러면 세족식의 정숙한 분위기가 깨져버리기도 한다. 하지만 또 반드시 그렇지만도 않다. 우스우면 우스운 대로, 간지러우면 간지러운 대로 진행되는 것이 바로 명지학원 세족식만의 아름다움이다.

하지만 학생들은 그럴망정 선생님들까지 그럴 수는 없는 일이다. 발을 씻겨주는 사람이 먼저 난처해하거나 웃어버린다면 그게 어찌 세족식일 수 있겠는가. 그러니 세족식을 하는 날이 다가오면 다들 아침부터 마음을 먼저 가다듬게 된다.

마침내 나에게도 그날이 오고야 말았다. 내가 참석해야 할 세족식은 명지초등학교에서 열렸다. 어떤 세족식이나 마음이 가지 않는 곳이 없지만, 초등학교에 갈 때는 그 마음이 더하다. 아이들의 작고 고운 발을 닦아줄 생각을 하면 그것만으로도 기분이 좋은 일이거니와 그 기쁨으로 내 마음이 씻길 것을 잘 알기 때문이다.

드디어 세족식이 시작되었다. 나는 무릎에 수건을 걸치고 대야 앞에 앉았다. 아이의 작은 맨발이 대야 앞에 얌전히 자리하고 있었다. 그 순간 나는 뭔가 좀 특이하다는 느낌을 받았다. 아이의 발이 너무나 깨끗했기 때문이다. 그냥 깨끗한 정도가 아니라 그야말로 갓 태어난 아기의 발처럼 뽀얗고 예뻤다.

"얘야, 네 발이 참……."

그 뒷말을 잇기도 전에 아이가 수줍어하면서도 자랑에 겨운 목소리로 말했다.

"어젯밤에 엄마가 한 번 씻어주었고요, 오늘 아침에도 또 한 번 씻었어요."

"얘야, 그러면 나는 뭘 씻어야겠니?"

물론 세족식은 발의 때를 벗기는 일이 아니라는 걸 안다. 제자들의 발 앞에 무릎 꿇고 섬김을 표현하는 일이라는 것도 잘 알고 있다. 그렇더라도 엄연히 세족식을 앞두고 아이가 두 번이나 발을 씻었다니 웃음이 터져 나오는 걸 참을 수가 없었다. 한편으론 세족식에 아이의 발을 두 번 세 번 씻겨 보내는 어머니의 정성스러운 마음도 느껴졌다. 학교의 세족식을 앞두고 어머니에게 발을 맡긴 채 설레 하는 아이와 다정한 손길로 아이의 발을 씻어주었을 어머니의 모습이 눈에 선했다. 이래저래 세족식은 의미 있는 행사임이 분명했다.

이런저런 생각을 하면서도 나의 웃음은 쉽게 멈춰지지 않았다. 발을 씻기는 건 난데 마치 내가 간지럼을 타듯이 내내 키드득 웃었다. 아마도 간지럼이 맞았을 것이다. 사랑스러운 마음들에 내가 간지럼을 타고 있었던 것이다. 사랑과 용서와 섬김에 크나큰 감동만 있겠나. 어떤 감동과 섬김은 이렇게 간지럼처럼 올 수도 있다. 그 간지럼이 크나큰 감동보다 오히려 오래 갈 수도 있지 않겠나.

"첫 세족식에서 저도 모르게 눈물이 왈칵 쏟아져서 얼마나 당황스러웠던지요."

"학생들의 발을 만지는 순간, 뭉클한 기분이 들었습니다."

세족식에 참여한 교수님들의 경험담이다. 고운 발을 수줍게 내어준 학생들의 마음에도 사랑과 섬김이 가득하길 바라본다.

2장

■

만남과 이별

---

내가 만난 사람들이
곧 나의 인생이다

○

# 나의 가장 나쁜 친구, 조영래 변호사

아프게 사라진 모든 사람은 그를 알던 이들의 마음에
상처와도 같은 작은 빛을 남긴다.
_최윤 「회색 눈사람」 중에서

살면서 늘 그리운 사람들이 있다. 그리워하다 만날 수 있으면 좋겠지만 이제는 그럴 수 없는 경우가 점점 더 많아지고 있어서 애석할 따름이다. 너무 빨리 내 곁을 떠나버린 사람들에 대한 그리움은 어떻게 달래야 할지 아직도 잘 모르겠다. 돌아가신 아버지도, 내 친구 조영래 변호사도 그렇다. 1990년대 초반 내가 가장 마음을 두고 깊게 정을 나누었던 이들이 앞서거니 뒤서거니 하면서 세상을 떠났다. 한 사람만 잃어도 세상 전부를 잃은 것 같은데 그 무렵에 나는 세상을 두세 번이나 잃은 셈이다. 간신히 마음을 붙잡고 살아야 했던 그 시절을 떠올리면 지금도 발밑

이 흔들리는 기분이다.

조영래 변호사와의 인연은 남다르다. 고교 동기동창으로 청소년 시기를 같이 보냈고, 그 시절 무지막지하던 세상으로도 함께 나왔다. 각자 다른 대학에 진학했고 세상과 맞서 싸운 방식도 달랐지만, 그래도 우리는 언제나 친구였다. "야" 하면 "어" 할 정도로 마음이 맞았고 농담도 잘 통했다. 가끔 빈정 상한 일이 있어도 다음날이면 언제 그랬나 싶게 허허실실 농담을 할 수 있는 그런 사이였다.

그와의 추억도 당연히 고등학교 때까지로 거슬러 올라간다. 우리에게는 수없이 많은 추억이 있지만, 어쩐 일인지 그리움이 사무칠 때마다 그 친구를 재발견한 순간이 가장 먼저 떠오르곤 한다. 물론 그전에도 서로 알고는 지냈으나 아주 친한 사이는 아니었다. 그러던 어느 날 내가 영래를 새롭게 발견하는 계기가 있었다.

고3 때였던 걸로 기억한다. 복도를 지나가는데 영래가 홀로 창가에 있는 모습이 보였다. 같은 반도 아니었는데 그 모습이 유난히 눈에 띄었던 걸 보면, 모르긴 몰라도 상당히 폼을 잡고 있지 않았나 싶다.

오랜 기억을 더듬어보자면 그때 영래는 창가에 앉아서 눈 내리는 풍경을 바라보고 있었다. 사뭇 감상적인 자태라 괜히 놀려주고 싶은 기분이 들었던 것 같다. 그래서 가까이 다가갔는데 그때 영래는 종이에 무언가를 끄적거리고 있었다. '여자친구한테 연애편지라도 쓰고 있나?' 그렇다면 놀려먹기 딱 좋은 상황 아닌가.

나는 영래가 쓰고 있는 종이를 냅다 가로챘다. 그런데 내 기대와는 전혀 다른 글이 써 있는 게 아닌가. '시몬 너는 아느냐, 낙엽 밟는 소리를······' 같은 연애편지의 단골 레퍼토리가 아니었다. 무려 한시였다. 순간 어찌나 당황했던지 놀려먹어야겠다는 마음이 싹 사라지고 머쓱해져서는 아무 말도 하지 못했다. 그러고는 영래에게 돌려주는 대신 그 종이를 들고 한문 선생님을 찾아갔다. 왜 그랬을까? 나 대신 좀 놀려달라는 뜻이었지 싶다.

그런데 한시를 본 선생님의 얼굴이 사뭇 심각해졌다. '안 좋은 의미를 지닌 시인가, 아니면 난잡한 시인가?' 도무지 가늠이 되지 않았지만 어느 쪽이든 흥미진진한 일이 생길 것만 같았다.

"누가 쓴 시냐?"

"조영래입니다."

그때까지만 해도 장난치고 싶은 마음이 남아 있었다. 난잡한 글이면 혼쭐이 날 터이니 그걸 보는 일이 우습기 그지없을 테고, 안 좋은 뜻이 적힌 시라고 해봤자 고등학생이 지은 한시란 게 뭐 얼마나 대단한 것이겠는가 싶었기 때문이다.

"너 가서 영래 불러와라."

"네? 영래를요?"

선생님이 심각한 표정으로 영래를 불러오라 하시자 그제야 덜컥 겁이 났다. 하지만 이미 엎질러진 물이라 피해 갈 길이 없었다. 그 길로 나는 영래를 불러와서는 옆에 서서 두 사람이 나누는 이야기를 엿들었다.

"이 시 진짜 네가 쓴 거냐?"

"네, 선생님."

"뭐 이런 놈이 다 있지?"

이번에는 내 얼굴이 점점 더 굳어져갔다. 그런데 어찌된 영문인지 선생님과 영래는 진지하게 한자의 뜻을 풀면서 은유와 자구 그리고 절구를 논하는 게 아닌가. 그 둘 사이의 대화는 마치 신선들이 나누는 대화 같았다. 선생님의 얼굴은 점점 환해지고 어느새 기쁨으로 차올랐다.

반면에 나는 부끄러웠다. 동갑내기 친구는 한시를 써서 선생님과 진지한 대화를 하고 있는데 나는 고작 장난질이나 치려고 들었으니 말이다. 그때처럼 농담이 안 떠오르는 경우도 없었다. 나는 그때 영래에게 "너 도대체 뭐 하는 놈이냐?"라고 말했지만 실은 "멋있다"라고 말하고 싶었다. 아니 "존경한다"라고 말하고 싶었는지도 모른다. 그날부터 나는 영래를 좋아하게 되었다.

그날 이후, 영래가 그렇게 빨리 세상을 뜰 때까지 둘의 우정은 계속되었다. 우리는 나이 들수록 묵묵히 서로를 이해했고, 가는 길이 많이 달라졌지만 서로를 응원하는 마음은 더욱 깊어졌다. 영래가 시민합동 법률사무소를 열었을 때, 그 사무소도 우리 빌딩 12층에 있었다. 덕분에 우리 빌딩 1층 수위실에는 정보과 형사들이 상주해서 좀도둑 걱정은 할 필요가 없었다.

다만 영래로서는 일거수일투족을 감시당하고 있었던지라 내가 13층 이사장실 옆에 비밀방을 하나 만들어주었다. 그저 영래가 맘 편히 글을 썼으면 하는 마음에서 내어준 공간이다. 영래는 ≪동아일보≫ 개원논설위인을 하는 동안 그곳에서 글을 썼다. 제아무리 날고뛰는 정보과 형사들이라고 해도 그 글이 어디서 쓴 글인 줄은 전혀 몰랐을 것이다.

인권변호사 조영래의 열정은 암울한 세상에 한줄기 빛과 같았다. 시대를 밝힌 그의 투쟁의 역사는 내가 굳이 이야기하지 않아도 될 터이니 나는 그와 얽힌 아주 소소한 추억을 떠올려본다.

영래의 사무실이 우리 빌딩에 있을 때 일을 마치면 둘이서 저녁을 먹곤 했다. 그날은 나의 단골 덴푸라집에 영래를 데리고 갔다. 그런데 분명 그 집에서는 내가 단골손님이고 사장님하고 친분이 있는 것도 나인데 분위기가 영 이상했다. 사장님이 평소보다 훨씬 많은 서비스 음식을 내놓으며 연신 웃으시는 게 아닌가.

"영래야, 네가 생각보다 인기가 많구나. 여긴 내 단골인데 어찌 된 게 사장님이 널 더 챙기는구나."

심지어 사장님은 음식 값도 안 받겠다고 했다.

"사장님, 이것저것 주신 것도 많은데 음식 값까지 안 받으시면 어떡하나요."

"조 변호사님은 저희의 은인이십니다. 제가 망원동에 살아요."

덴푸라집 사장님은 망원동 수해사건의 피해자였다. 1984년 9월, 유수지의 수문이 열리면서 망원동 일대 1만 7천여 가구가 물에 잠기는 참사가 벌어졌다. 정부에서는 천재지변이라며 아무런 대책도 내놓지 않았지만, 영래는 서울시를 대상으로 '천재가 아닌 인재'의 가능성을 의심하면서 소송단을 모았다. 그 후 6여 년 간의 기나긴 소송 끝에 승소해서 피해 주민들은 보상금을 받았다. 덴푸라집 사장님은 바로 그 주민 중 한 사람이었다.

망원동 수해사건 소송은 우리나라 최초의 집단소송으로 불리는 역사적인 사건이다. 사무실 복도에 소송 서류를 산더미처럼 쌓아놓고 씨름하던 영래의 모습이 아직도 눈에 선하다.

"뭐라고? 영래가…… 폐암이라고?"

영래는 고작 마흔 살 젊은 나이에 폐암 선고를 받았다. 그날 나는 세상이 무너지는 듯한 암담함을 느꼈다. 세상의 절반이 아닌, 전부를 잃은 것 같았다.

영래가 입원해 있는 동안 하루도 빠짐없이 병문안을 갔다. 허깨비 같은 세상에 날 남겨두고 홀로 떠나려 하는 미운 놈이지만 얼굴이라도 한 번 더 보려고 가고 또 갔다. 집에서 요양을 할 때도 마찬가지였다. 점심 약속이 끝나면 커피와 후식은 늘 영래 집에서 먹었다. 아마도 영래는 성가시기도 했을 것이다. 속으로 '그만 좀 와라, 이놈아' 하고 싶기도 했을 테다. 그러면 나도 대꾸해 줄 말은 있었다. "네가 나 서운하게 하는 거 생각하면 이만도 성가시게 못 하겠냐."

1990년 12월 12일, 기어이 영래는 우리 곁을 떠났다. 고작 43살의 나이에, 아직 해야 할 일이 태산처럼 높은데 그렇게 가버렸다. 이후 영래는 내게 세상에서 가장 나쁜 친구가 되었다. 고등학교 때 만나 그 오랜 세월 우정을 쌓아놓고 이제 그걸 나눌 나이에 홀로 떠나버렸으니 말이다. 나는 영래를 통해 세상에 눈에 떴고, 옳고 그름을 배웠고, 행동해야 하는 이유를 깨닫게 되었다. 그러니 영래는 내게 좋은 스승이기도 했다.

영래의 장례식은 YMCA 회관에서 시민장으로 열렸다. 준비위원으로 장례식장을 점검하러 가보니 회관이 휘황

찬란했다. 바로 전날 성탄절 행사가 있어서 그 여운이 그대로 남아 있었던 것이다. 휘장이며, 꽃가루며, 파티의 흔적들이며, 그 흥겨움까지……. 도무지 장례식장으로 적합해 보이지 않았다. 물론 장의사가 고작 두세 시간 만에 그곳을 엄숙한 장례식장으로 탈바꿈시켜 놓았다. 그렇지만 나는 바로 전날 성탄 파티가 있었다는 사실을 잊지 못했다.

그때 나는 영래의 죽음이 파티의 끝이 아니라 조용히 시작되는 또 다른 길이 아니겠나 싶은 생각이 들었다. 영래는 성탄의 흥분과 감사 그리고 예수의 고난과 사랑까지 모두 담아 후대에게 물려주고자 했던 건 아니었을까. 영래는 가는 것도 참 영래처럼 가는구나 싶었다.

그래도 내게 나쁜 친구라는 사실은 변함없다. 세월이 흐를수록 그 생각을 지울 수가 없다. 육십이 되니 육십이 된 영래가 보고 싶었고, 칠십이 되니 칠십이 된 영래가 보고 싶었다. 그 세월을 나 혼자 다 감당해야만 했다. 스승과도 같았던 영래를 보내놓고 나 홀로 그 시간을 다 겪어야만 했다.

훗날 저 세상에서 영래를 다시 만나게 되면 꼭 물어봐야겠다.

"영래야, 너는 혼자여도 괜찮았나?"

그리고 말해야겠다.

"난 힘들었다. 그래도 너와의 추억이 있어서 참 좋았다."

죽는 것은 잠드는 것, 오직 그뿐.

육체이기 때문에 피할 수 없는

비탄과 천만 가지 괴로움을

잠으로써 끝낼 수 있다면.

_셰익스피어 『햄릿』 중에서

○

# 내 친구 손학규를 위한 변명

 1998년 6월 4일 제2회 지방선거가 있던 날, 당선인 중에 유독 반가운 이들이 있었다. 개인적인 친분이 있는 분들도 있었지만 나와 특별한 인연이 있는 분들도 많았다. 특히 우리 학교 출신이거나 관계자였던 분들이 당선자 명단에 대거 이름을 올렸다.

 고건 서울시장은 우리 학교 총장을 역임하신 분이고, 경기도지사 당선인인 임창열 지사는 우리 학교에서 경영학 박사를 받았다. 제주에서는 우리 학교 동창회장인 우근민 지사가 당선되었다. 서울과 경기 그리고 제주까지, 백두대간의 중심으로 바다 건너까지 우리 학교 출신들이 승전보를 전해주니 학교 전체가 축제 분위기였다. 이 밖에도 많은 시·도의원들이 당선 소식을 전해주었다.

이렇게 기쁜 날을 그냥 지나칠 수 없어서 호텔의 연회장을 빌려 축하연을 마련했다. 좋은 일에는 축하객들도 많은 법인지라 그 큰 연회장이 빈틈없이 가득 찼다. 화기애애한 분위기가 이어졌고, 분위기가 점점 더 무르익자 진행자도 한껏 들떠 있었다. 진행자는 동창회 간부였는데 평소에 우스갯소리도 잘하고 재치 있다는 평가를 받은 만큼 진행을 아주 잘했다. 그런데 좀 더 재미있게 진행해 보고 싶었던지 나를 호명해 일으켜 세웠다.

이미 축사와 건배사도 했는데 왜 나를 다시 일으켜 세우나 의아했다. '당선자가 여럿이니 건배사도 여러 번 하라는 건가? 이 좋은 날 그 정도는 할 수 있지' 하고서 일어났다. 그런데 난데없는 질문이 날아왔다.

"우리 이사장님께 제가 꼭 묻고 싶은 게 있습니다. 다들 아시겠지만 이번에 경기도 도지사 선거에서 임창열 당선자와 경쟁을 하신 분이 손학규 씨였습니다. 그런데 손학규 씨가 유영구 이사장님하고는 아주 절친입니다. 그렇다면 이쯤에서 이사장님께 이 질문을 하지 않을 수가 없습니다."

 손학규와 내가 절친인 것과 이번에 낙선한 게 무슨 상관이란 말인가. 도대체 무슨 질문을 하려고 하는지 도무지 감이 오지 않았다. 그렇게 방심한 사이 진행자는 내가 짐작도 하지 못한 허를 찌르는 질문을 해왔다.

 "이사장님! 이사장님은 이번 선거에서 경기도 지사 후보로 절친인 손학규 씨를 지지하셨나요, 아니면 고등학교 3년 선배로 명지대에서 학위를 하신 임창열 씨를 지지하셨나요? 이 자리에서 한번 솔직하게 말씀해 주십시오!"

 아니, 이렇게 화기애애한 자리에서 저런 질문을 하다니! 난데없이 불똥이 나한테 튈 거라고는 상상도 하지 못했다. 물론 진행자의 말 어디에도 틀린 게 없었다. 그의 말처럼 손학규는 고등학교 때부터 나의 절친이었다. 그런데 절친이란 게 인연을 이어온 세월만으로 되는 게 아니라 믿음과 우정이 그만큼 쌓여야 하는 법이니, 내가 그만큼 손학규를 믿고 지지한다는 걸 진행자는 알고 있었다.

 임창열 지사 역시 마찬가지다. 임창열 지사의 당선을 내가 축하하는 게 설마 명지대 출신이라는 이유이기만 하겠는가. 명지대 출신의 정치인이 한두 명도 아닌데 그런 이유만으로 무조건 지지하고 축하할 리는 없다. 내가 임창열 지사를 지지한다는 것은 경제전문가로서 그의 역량을 그만큼 신뢰한다는 뜻이다. 그런데 대놓고 내가 누굴 지지했는지 한 사람만 콕 찍어서 말을 하라니……

임창열이라고 말하자니 절친을 배신하는 꼴이고, 손학규라고 말하자니 축하연에 찬물을 끼얹는 꼴일 테다. 절체절명의 위기라는 말이 괜히 있는 게 아니라 바로 이런 순간을 가리키는 것 아닐까. 순간 진땀이 확 솟았다. 그렇다고 답이 늦으면 망설이는 것을 들키는 꼴이 될 터, 일단 입을 열었다.

"지방자치제라는 게 풀뿌리 민주주의를 실현하는 것 아니겠습니까……"

부지불식간에 첫 문장을 내뱉고 보니 지금 내가 무슨 말을 하고 있는 건지 나조차도 감이 잡히지 않았다. 등줄기에는 여전히 식은땀이 흐르고, 나의 타들어가는 속을 모르는 사람들은 그저 흥미진진한 표정으로 내 얼굴만 빤히 바라보고 있었다. '우스갯소리 잘하는 유영구가 이번에는 못 빠져나가겠지?' 하는 표정으로 골똘히 쳐다보는 사람도 있었고, '풀뿌리 민주주의 운운하는 것이 괜히 말을 돌리려고 수작을 부리는 것 같은데' 하며 별 기대 없이 쳐다보는 이도 있었다.

"풀뿌리 민주주의라는 게, 바로 자기가 사는 곳에서부터 민주주의를 실현한다는 뜻일 텐데 말입니다. 그래서 역사적인 지방자치제도 실시된 거고 말이지요. 그런데 제가 서울 풀뿌리거든요. 줄곧 서울에서만 산 풀뿌리다 보니 경기도 땅은 신경도 못 썼습니다. 지사 후보 이름도 제가 오늘 처음 듣습니다. 아니 손학규가 거기 후보였어요?"

그 자리에서 이 뻔뻔스러운 거짓말을 못 알아들을 사람은 아무도 없었을 것이다. 그래도 제일 먼저 임창열 당선자의 얼굴을 바라보지 않을 수 없었다. 다행히도 파안대소하고 계셨다. 손학규가 그 자리에 있었다면 어땠을까. 낙선자이니 마냥 유쾌히 웃지 못했겠으나 친구로서는 분명 같이 웃어주었을 것이다.

손학규는 고등학교 3학년 때 내 짝꿍이었다. 나는 이미 그때부터 그가 크게 될 인물이라는 걸 알았다. 학교 밴드부에서 트럼펫을 불고 연극도 하는 등 예술에 조예가 깊으면서도 그 시절부터 정치 관련 서적에 탐독했으며, 불의를 보면 참지 못했다.

  당시 경기고는 워낙 우수한 학생들이 많았고 대부분 서울대를 목표로 학업에 매진하고 있었기 때문에 당연히 학교 전체의 면학 분위기도 남달랐다. 그런데 입학시험을 앞두고 분위기가 조금 산만해지자 학교에서는 정신 무장을 위한 특단의 조치 차원에서 고3 학생 전체를 강당에 모이게 했다. 반성의 시간이자 일종의 자아비판 시간을 갖게 한 것이다.

  그런데 선생님이 아닌 학생회 간부 중 규율 담당 학생이 연단에 올라서서 마이크를 잡았다. '무슨 말을 하려고 저러지?' 하며 다들 그 학생을 바라보고 있는데 대뜸 우리에게 훈계를 하기 시작했다. 마치 선생님이라도 된 양 동급생들 앞에서 도를 넘는 발언을 서슴지 않았다. 강당에 모인 학생들은 술렁이기 시작했고 웅성웅성 불만이 터트리기 시작했다. 나 역시 '저 자식 뭐지? 뭔데 우리를 가르치려 들어?' 하는 역심이 생겼다.

  "비위가 뒤틀리지? 뒤집어엎을까?"

  내 옆에 있던 손학규가 분연히 일어났고, 강당 안의 모든 시선이 그에게로 쏠렸다.

"야, 네가 선생님이야? 당장 내려와!"

순간 강당에는 우레 같은 박수가 쏟아졌다. 손학규가 강당의 분위기를 일거에 반전시킨 것이다. 당시 선생님들의 표정에도 당황하는 기색이 역력했지만 우리를 혼내지는 않았다. 손학규 덕분에 학생들의 불만이 커지지 않았고, 반성의 시간을 무사히 마칠 수 있었기 때문이다.

2002년 손학규는 재수 끝에 경기도 지사에 당선되었다. 나는 그때에도 서울에 사는 '서울 풀뿌리'이기는 했으나, 경기도지사 손학규의 당선을 진심으로 축하해 주었다.

행동가가 나서서 말로만 떠드는 사람을

침묵시키기 전까지는

사회적 양심을 가진 사람이

그렇지 못한 사람에게 휘둘리기 마련이다.

_버나드 쇼

## 이어령 선생의 번뇌를 베는 칼

하나의 나뭇잎이 흔들릴 때
나는 하나의 공간이 흔들리는 것을 보았다.
_이어령 「하나의 나뭇잎이 흔들릴 때」 중에서

내게는 소소한 것들을 모으는 취미가 있다. 하나둘 모으던 머그잔들이 천 개가 넘어 제법 소장품이 되었고 책 수집이야 더 설명할 것도 없다. 특히 고서를 모으다 보니 자연스럽게 고지도에도 관심을 갖게 되었다. 300~400년 전의 세계지도 중 한국이나 아시아가 표시된 고지도를 위주로 수집하다 보니 어느새 100점이 넘었다.

고서와 고지도 수집은 단순히 취미로 시작한 게 아니다. 누군가는 꼭 나서서 해야 할 사업이라는 생각으로 시작한 일이다. 한두 사람이 매달려 한 일은 아니지만, 이내 나는 그 일을 내 개인적인 취미보다 더 사랑하게 되었다. 서가에 고서를 정리하고 그 옆에 고지도를 나란히 보관해 놓고는 그것을 필요로 하는 사람들에게 열람할 기회를 주는 일이 더없이 자랑스럽고 뿌듯했다.

'어떤 일을 좋아한다'는 것이 바로 이런 의미가 아닐까 싶을 정도로 책 모으는 일을 좋아했다. 사람들은 나의 컬렉션을 두고 낡은 것들이 하나하나 쌓여 거대한 성을 이루고 그게 또 새로운 역사를 만들었다고 추켜세웠다. 하지만 나한테는 거창하기는커녕 그저 재미나기만 한 일이었다. 그럴 수 있는 데에는 비밀이 하나 있다. 이 귀중한 책들을 모으되 안 읽어도 되기 때문이다. 귀중한데 안 읽어도 되는 책이라니 이게 무슨 소리인가 싶을 것이다.

내가 모으던 연암문고(蓮庵文庫)의 책들은 우리나라와 관련된 서양의 고서들이다. 그 책들은 당연히 갖가지 서양 언어로 쓰여 있다. 영어로만 쓰인 책이었다면 어떻게든 기를 쓰고 끙끙거리며 읽어보는 시늉이라도 했을 터이지만 독일어 책, 러시아어 책, 네덜란드어 책, 거기다가 라틴어 책들이었으니 나로서는 봉인된 책과 다름없었다. 그러니 표지만 봐도 충분히 뿌듯했고 그게 그렇게 안도감을 주었다.

그 책들은 읽을 수 있는 사람이나 읽어야 할 사람이 읽으면 된다. 나는 그저 소중하게 모아서 잘 보관하고 있다가 그들에게 보여주기만 하면 그만이다. 그러니 책 사는 기쁨이 오죽했겠나. 공부하기 싫어하던 내 소싯적 비밀이 이렇게 다 드러나는 것 같지만 괜찮다. 그게 뭐 대수인가.

그렇게 책을 모으는 일에 재미를 붙이다 보니 책과 관련된 이런저런 것들도 같이 수집하게 되었다. 주로 북나이프와 북엔드인데 독특하고 귀하고 재미있어 보는 것들이라면 뭐든 모았다. 그래서 이걸 모아놓고 보니 또 남들에게 구경시킬 만하다 싶어졌다. 연암문고 한 켠에 장식장을 두고 북나이프를 보고 싶어 하는 사람들을 위해 전시해 놓았는데, 하루는 이어령 선생께서 그 북나이프들을 유심히 바라보셨다.

아시다시피 북나이프란 편지봉투를 뜯는 용도로만 쓰이는 것이 아니라 붙어 있는 책장(冊張)과 책장 사이를 가르기 위해 쓰는 도구이기도 하다. 고서 중에는 제본 기술 문제로 인해 책장이 서로 달라붙은 채 출간되는 경우도 있고, 출판사가 그 책이 새 책이라는 걸 증명하기 위해 일부러 책의 페이지를 한두 장씩 붙여서 출간하는 경우도 있다. 그러니 그 책갈피 사이에 어떤 이야기가 숨어 있는지는 그걸 열어보기 전까지 어느 누구도 모를 일이다.

북나이프는 그 비밀스러운 책장 사이사이 담겨 있을 위대한 철학과 사상, 아름다운 시와 노래, 혹은 누군가의 비밀을 열어젖히는 신비의 도구인 셈이다. 이어령 선생께서도 전시함 속 북나이프를 보시던 중 그런 생각들이 떠오른 모양이었다.

"이게, 이 칼이 말이야."

그리고 잠시 숙연하게 바라보시더니 이어서 하는 말씀이 과연 비범했다.

"번뇌를 자르는 칼인 게야."

이어령 선생의 말씀이 자아내는 고아한 분위기가 이대로 쭉 이어지면 좋으련만, 내가 또 누구인가. 이렇게 멋진 순간에도 싱거운 말 한마디를 안 하고는 못 배기는 사람이 아닌가.

"그냥 목을 자르는 게 간단하지 않을까요? 그러면 번뇌도 한번에 같이 잘릴 텐데요."

그 자리에 있던 모든 사람이 파안대소했다. 다행히 그중에서도 이어령 선생의 웃음소리가 가장 컸다.

그게 바로 이어령 선생의 매력이다. 깊은 사유의 결과물을 더없이 멋진 말로 표현하시면서도 당신의 말이 농담과 어우러졌을 때 그 뜻이 또 다른 울림으로 다가갈 수 있다는 것도 잘 알고 계셨다. 말하자면 웃음을 아는 분이다. 그러니 나같이 싱거운 말이나 할 줄 아는 이가 어찌 선생의 깊은 뜻을 헤아릴 수 있겠는가.

그날 이후 '번뇌를 자르는 칼'이라는 말은 두고두고 오랫동안 내 마음속에 남았다. 몸속에 든 것, 마음속에 든 것 중 가장 잘 잘라내야 할 것이 번뇌이리라. 그 번뇌를 자르는 칼이 내게 한가득 있으니 얼마나 다행인 일인가.

다만 내게는 잘라낼 수 없는 번뇌가 몇 가지 있다. 한창 공부해야 할 나이에 열심히 하지 않았다는 후회인데 그때는 세상을 알아가는 것이 책을 보는 것보다 더 중요하다고 생각했다. 그런데 이어령 선생을 만나 뵙고는 책 속에 나를 세상으로 이끌어줄 길이 있다는 것을 뒤늦게 깨달았다. 그리고 그 길에서 만나는 사람과의 관계는 더 깊어질 수 있다는 것도 알게 되었다. 다만 너무 늦은 깨달음이었다. 이 번뇌는 쉬이 베어내 버릴 수 없을 것 같다.

○

# 동주 이용희 선생이 숨겨둔 선물

한국 국제정치학의 초석을 다진 거목이자 서울대 교수를 역임한 동주 이용희 선생과의 인연은 각별하다. 특별한 연고는 없지만 늘 가까이서 뵙는 사이였다. 아버님의 후임 통일원 장관이시기도 했다. 아드님인 이재명은 경기고 후배였다. 이용희 선생은 서울대 정치학과 교수를 하시다가 아주대 총장을 역임하셨다. 전공 분야에서뿐만 아니라 풍성한 연륜만큼 다방면에서 박식하셨다.

특히나 고미술과 고서화에 대한 안목은 그 분야의 전문가들 못지않으셨다. 오죽하면 유홍준 교수가 선생의 안목이 전문가보다 더 뛰어나다고 감탄했을까. 선생은 『우리

나라의 옛 그림』, 『한국회화소사』라는 책도 집필하셨다. 전공 분야인 국제정치와 관련한 저서들과 마찬가지로 고미술 서적도 대중이 쉽게 접근할 수 있는 주제는 아니었지만, 그 책이 미술계에 큰 반향을 일으킨 것만은 분명했다. 당신 스스로도 큰 기쁨을 누리신 책이기도 하다.

이용희 선생은 고미술뿐만 아니라 온갖 방면에 관심이 많다 보니 소장한 장서의 양과 종류도 엄청났다. 그 귀한 책들을 유홍준 교수와 아드님을 통해 우리 대학에 기증하겠다고 하셨을 때는 너무 기쁘면서도 믿기지가 않아서 잠시 머릿속이 정전된 듯했다. 연세대를 졸업하고 서울대에서 학생을 가르치셨고, 아주대에서 총장을 하신 선생의 손때 묻은 책들이 명지대로 오다니, 이 무슨 천복인가 싶었다.

그동안 수많은 인연과 자리를 거친 선생의 책들이 종국에 명지대를 안식처로 선택했다는 것이 너무나 기뻤고, 내게 그런 기회를 주신 것이 감사했다. 당시 만 권이 넘는 책을 기증하시면서 당부한 조건이 딱 하나 있었는데 바로 당신의 호인 '동주'만 남겨달라는 것이었다.

명지대 도서관의 한 자리에 '동주문고'를 만들었다. 그리고 선생의 책을 정리하고 분류하기 시작했다. 책도 귀하고 그 인연도 귀하니 나 역시 직접 손을 보태고 싶었다. 전문 사서를 흉내내기는커녕 오히려 방해가 될 터이지만, 그래도 특별한 책들이니 일일이 들춰보며 먼지 터는 일 정도는 함께하고 싶었다. 그런데 이게 웬일인가. 책에서 털려 나온 것은 먼지가 아니라 돈이었다.

맨 처음에 나온 돈은 1달러짜리 몇 장과 20달러짜리 한 장이었던 걸로 기억한다. 원서 사이에 끼어 있었던 걸 보면, 필시 외국에서 책을 산 후 받은 거스름돈을 실수로 거기에 끼워두신 듯했다. 선생님께서 내게 가외의 기쁨을 주셨으니, 그 돈으로 좋아하는 아이스크림을 사 먹어도 좋겠다 싶었다.

그런데 다른 책에서 또 돈이 나왔다. 이번에는 소액의 엔화 지폐들이었고, 그 돈으로는 조각 케이크를 사 먹어야겠다 싶었다. 그리고 다음 책에서는 파운드 지폐가 나왔다. 사서들 옆에서 먼지 터는 일이나 하려던 내 손은 바빠졌다. 선생의 장서를 정리하는 일이 금을 캐는 일과 다를 바가 없지 않나.

물론 모두 소액의 지폐였다. 한국 돈으로 치면 천 원, 이천 원, 혹은 몇백 원 정도의 돈이었는데 이 책 저 책에 다 숨어 있어 그걸 나중에 다 모아보니 무려 삼천 달러가 넘었다. 책 속에 끼어 있던 돈들을 상자에 모으니 그야말로 수북했다. 그 돈으로 아이스크림을 사 먹었다가는 평생 먹게 될 처지였다.

그때는 이미 선생께서 작고하신 뒤라 내 후배인 이재명에게 동주문고의 정리 상황을 이야기해 주었다. 그러면서 책값을 주겠다고 말했다. 물론 이재명은 필사적으로 손사래를 쳤다.

"아버님이 그냥 기증하신 책인데 무슨 책값을 준다고 그래요?"

"아니, 그럴 순 없어. 줘야 해."

"그럼, 주면 얼마나 주시려고요?"

내가 만 권의 책값을 주겠다고 한 말로 들은 모양이다. 그걸 주겠다고 하면 안 받을 게 뻔하면서도 짐짓 내게 얼마냐고 물었다.

"삼천이백칠십이 불."

어리둥절한 표정을 지었다. 만 권의 책값이 어떻게 그 금액으로 환산되었는지 짐작도 할 수 없었을 것이다.

"아니다. 내가 이미 아이스크림을 한 번 사 먹었으니 그 값은 빼고 삼천이백육십 불쯤이겠네."

그러면서 나는 상자에 수북이 쌓인 소액의 지폐들을 꺼내놓았다. 잠시 후 그것이 어떻게 생긴 돈인지 알게 된 이재명의 눈시울이 붉어졌다.

선생이 무슨 까닭으로 책갈피 사이에 그런 식으로 돈을 끼워 놓았는지는 알 수 없다. 책을 사고 남은 돈을 무심히 책갈피 사이에 두었다가 잊어버리는 습관을 갖고 계셨을 수도 있다. 아니면 혹시 지폐를 북마크로 쓰는 기벽(奇癖)이 있으셨던 걸까. 혹은 훗날 당신의 책을 읽은 이의 수고를 치하하기 위해 깜짝 선물처럼 용돈을 주고 싶으셨던 것일 수도 있겠다.

아마 후자가 아니었을까. 만일 그렇다면 그건 얼마나 재기 넘치는 선물인가. 책 한 권만 읽지 않고 그다음 책도, 또 그다음 책도 아주 남김없이 읽고 싶게 만드는 선물이 아닌가. 실제로 내가 그랬다.

선생님의 선물은 상자에 고이 담긴 채 아들에게 갔다.

그러나 동주문고는 명지대 도서관에 자리를 잡았나. 그 책 속에 들었던 작가들의 정신뿐 아니라 그 책에 용돈을 같이 남겨두었던 이용희 선생의 따뜻한 마음도 고스란히 남아 있다.

책 속에는 과거의 모든 마음이 잠자고 있다.

오늘의 참다운 대학의 목적은

잠자고 있는 책을 일깨우는 데 있다.

_토머스 칼라일

## 김영삼 대통령의 위험한 농담

후계자를 고른다는 것은 씨앗을 뿌리는 일과 같다.
잘못 뿌리면 역사는 잡초로 뒤덮인다.

한동안 국가기록연구원에 몸담은 적이 있다. 국가기록연구원의 중요한 일 중 하나가 전임 대통령들의 기록을 챙기는 것이라서 덕분에 일을 하는 동안 전임 대통령들과 사적인 친분이 생겼고, 이런저런 인연도 쌓을 수 있었다. 어떤 분은 성품이 대쪽 같았고, 어떤 분은 다정했고, 또 어떤 분은 소탈했다.

모든 대통령은 저마다의 공과(功過)가 있다. 그것을 밝히고 살피는 것은 후세의 역사가들의 몫일 터이고, 내가 이 책에서 하려는 이야기는 그저 소일담에 불과하다. 직위를 넘어, 하는 일을 넘어, 그저 동시대를 살면서 친분을 쌓아

갔던 사람들에 관한 이야기로 생각해 주면 좋겠다.

그중 김영삼 대통령과의 일화는 내게 잊히지 않을 무용담이 되어주었다. 이 일화 덕분에 노소영 씨를 만났을 때는 노태우 대통령이 아닌 김영삼 대통령이 먼저 떠올랐다. 사연인즉슨 이렇다.

한번은 김영삼 대통령이 내게 이렇게 물어보셨다.
"자네, 역대 대통령 중 어떤 대통령을 최고로 치는가?"
한가롭게 차나 마시던 자리에서 나온 이야기니 농담에 가까운 질문이었을 것이다. 그러나 묻는 사람으로서는 아무리 가벼운 농담이라고 해도 대답해야 하는 사람에게는 보통 난처한 게 아닌 질문이 있는 법이다. 농담으로 던진 질문에 농담으로 대답했다가 자칫 오해를 살 수도 있는 노릇이니 말이다.

반면 농담으로 던진 질문에 쩔쩔매는 모습을 보인다면 사람이 얼마나 재기 없어 보이겠는가. 그중에서도 최악은 "물론 앞에 계신 분이지요"라는 대답일 것이다. 아부로 치면 한심하고, 진심으로 치면 미련한 대답이다.

당시에 나는 너무 당황스러운 나머지 순간 뒷목이 뻣뻣

해질 정도로 긴장했다. 그 짧은 순간에 내 머릿속은 천둥 번개가 치듯 번쩍였다. 누군가 바로 내 옆에 있었다면 나의 머리 굴리는 소리가 들렸을지도 모른다. 그 와중에도 김영삼 대통령은 나에게 대답을 재촉하셨다. 마치 '엄마가 좋냐, 아빠가 좋냐'라고 물어보는 사람처럼 자못 짓궂기까지 했다. 더는 물러설 데가 없는 형국이었던지라 대답을 하지 않을 수 없었다.

"아무래도 노태우 대통령이 최고 아니실까요?"

요즘 말로 '갑분싸'라고 한다던데, 그야말로 갑자기 분위기가 싸늘해졌다. 농담을 시작한 김영삼 대통령이야 그렇다 치고 주위에 있던 분들이 더 안절부절못했다.

"우째서 그러노?"

김영삼 대통령이 물으셨다. 그 톤은 사뭇 냉정해져 있었지만 그래도 다행이었다. 안 물어보셨으면 어쩔 뻔했단 말인가.

"지도자의 능력 중에 훌륭한 후계자를 고르는 것만큼 중요한 덕목이 없잖습니까. 그런 면에서 노태우 대통령을 따라오실 분이 없는 거지요."

순간, 얼어붙은 방 안에 온기가 돌았다. '갑분환'이라는 말이 있는지 없는지는 모르겠지만 어쨌든 나의 대답에 분위기는 갑자기 환해졌다. 물론 노태우 대통령의 후임이 김영삼 대통령이라는 걸 여기서 굳이 부연 설명할 필요도 없을 테다.

"아이고, 고마 내가 유 이사장을 몬 당하겠다."

그때 파안대소하시던 김영삼 대통령의 모습이 지금도 잊히지 않는다. 이런 이유로 노태우 대통령의 가족들을 볼 때마다 그분의 후계자 김영삼 대통령이 떠오르게 된 것이다. 절체절명의 순간에 탄생한 농담이 만들어낸 사연이다.

우리의 언어는 바람 같은 것이다.

바람같이 울림만이 남는 것이다.

바람같이 소리만이 남는 것이다.

— 나의 언어는 고백을 모르고

— 나의 언어는 기원을 모른다.

_박재륜 「메마른 언어」 중에서

## 태평관기영회를 그리워하며

노인의 지혜는
과거의 기억이 아니라 미래의 등불이다.

이 책을 쓰면서 서소문 명지빌딩 이야기를 하지 않을 수는 없다. 내가 참 많은 공을 들였기 때문이다. 그 이야기를 하기 전에 먼저 그곳의 역사를 잠깐 말해야겠다. 서소문에 25층짜리 명지빌딩이 들어서기 전, 그 자리에는 12층짜리 낡고 허름한 건물이 있었다. 아버지가 지으신 명지학원의 초석으로, 그곳은 원래 태평관 자리였다. 다들 알겠지만 태평관은 조선시대 명나라 사신들이 머문 영빈관이다. 그 일대 거리가 태평로인 것도 그 이름을 따른 것이다.

아버지는 바로 그 태평관 자리에 건물을 지어 명지학원의 초석을 다지고, 학원의 미래를 꿈꾸며 아이들의 앞날을 그리셨다. 초창기에 서울문리사범대학으로 시작한 학원은 그 후 종합대학으로 커졌고 부속 중고등학교까지 생겼다. 아버지 평생의 꿈은 훌륭한 학원을 만들어 그곳에서 백년 대계를 이루는 것이었다. 백년이 아니면 어떠랴. 그 꿈이 이루어지는 미래와 꿈을 꾸는 현재의 모습이 아름다운 학원을 만들고 싶어 하셨을 것이다. 그리고 그 꿈을 내가 이어받았다.

낡은 건물을 허물고 25층짜리 새 집을 짓는 일은 결코 만만하지 않았다. 더군다나 학원 건물이니만큼 외양뿐 아니라 그 큰 그릇에 담길 내용도 중요했다. 학원의 혼을 담아야 했다. 그러나 꿈이 크면 마(魔)가 따르기 마련인 법. 건물을 막 짓기 시작할 때 IMF가 터졌다. 새로 짓는 것은 고사하고 있는 것도 고쳐 써야 할 판이었으나, 건물은 이미 올라가고 있었다. 그렇게 올라가고 있던 건물을 그만 짓자고 하는 것은 말이 안 되는 일이었으나, IMF라는 상황 자체가 말이 안 되는 일들의 총합이었으니 이러지도 저러지도 못하는 상황이었다. 내부에서는 중단 여부를 두고 심각하게 논의했다.

"계속 가봅시다."

그날 공사 진행을 결정한 그 순간의 떨리던 마음은 아직도 선명하게 내 기억에 남아 있다. 떨린다는 게 그저 두근거리는 게 아니라 무서울 수도 있다는 걸 그때 처음 알았다.

2002년 5월, 꼬박 3년간의 공사 기간을 거쳐 드디어 건물이 제 모습을 드러냈다. 다행히 IMF 시국을 잘 건넜고, 어려울 때마다 행운이 따라줘서 생각했던 것보다 훨씬 더 근사한 건물이 지어졌다. 살면서 그때처럼 설렌 적이 없었다. 그날만큼은 정말 어린아이처럼 마음이 들떠서는 건물의 구석구석을 다 살피며 챙기고 싶었다. 다만 내가 그렇게 하면 실무자들이 얼마나 불편하겠는가. 하루에도 몇 번씩 마음을 다스려야 했고, 그러는 동안 괜히 길 건너편에 서서 건물을 올려다보며 서 있던 적이 한두 번이 아니었다.

그런 내 마음을 알아주는 분들이 있었느니 바로 태평관 기영회 분들이었다. 명지빌딩에는 사회 각계의 원로 분들이 편히 오가시며 쓰는 사무실이 있다. 그 공간은 고병익 전 서울대 총장의 제안에서 비롯된 것이다.

"유 이사장, 자네한테 부탁 하나만 해도 되겠나?"

"네, 총장님. 편히 말씀해 주십시오."

"내가 학교를 나오고 보니 글을 쓰고 사람을 만날 공간이 사라져서 영 불편해서 말인데……. 개인 사무실은 욕심이고, 나 같은 아쉬움을 갖고 있는 인사들이 원고 쓰고 인터뷰도 할 수 있는 공동 사무실 하나를 자네가 마련해 줬으면 좋겠네."

"저희 건물에 모실 수 있는 기회를 주셔서 제가 더 감사합니다."

그렇게 만들어진 공간에는 당신들께서 지으신 이름인 '태평관기영회'의 회원 분들이 머물게 되었다. 태평관은 건물이 태평관 자리에 있으니 붙인 이름이고, 기영회는 '기로연'의 다른 말이다. 기로연은 조선시대 나라에서 70세 이상의 원로 문신들을 위로하고 예우하기 위해 봄가을에 정기적으로 베푼 잔치를 일컫는다. 태평관기영회 역시 70세 이상의 원로 분들이 회원이셨고, 3·1운동을 기념하기 위해서 회원 수를 33인으로 하셨다.

기영회는 특별한 목적이 있는 것이 아니라 그저 편하게 모여 서로의 안부를 묻고 소식을 전하고자 만든 모임이고,

내가 한 일은 그 공간을 마련해 드린 것뿐이다. 은퇴한 후에 집에서 일을 하면 여러모로 번잡스러워 집중이 어렵고 다양한 사람들을 만나는 것도 쉽지 않으니 꼭 필요한 공간이었다. 덕분에 조순, 이어령, 박완서, 김동길, 이태동, 고병익, 이우성, 김태길 선생 등등 한 시대의 등불이 되어준 저명인사 서른세 분이 태평관기영회에 이름을 올리셨다.

한운사 선생은 ≪중앙일보≫에 '남기고 싶은 이야기'를 110회나 연재했는데 이 글들을 그곳에서 집필하셨다. 그 외에도 많은 회원 분들이 그곳에서 원고를 쓰거나 기자들을 만나 인터뷰를 했고, 그곳 주소로 편지를 받기도 하셨다. 또한 그곳은 기영회 회원들 간의 만남과 초청의 장소이기도 했다. 화가 권옥연 선생은 작곡가 김동진 선생 앞에서 그의 노래인 「가고파」를 멋들어지게 부르셨고, 박완서 선생은 와인을 드시며 조곤조곤 이야기를 건네셨고, 황장엽 선생의 특강이 있던 날은 서로 북에 있는 지인들의 안부를 물으면서 추억에 젖기도 하셨다. 누구의 오빠와 누구의 형 이름을 부르며 근황을 나누는 모습에서 남과 북이 한민족이라는 사실을 실감할 수 있었다.

황장엽 선생과 나의 인연은 ≪한국일보≫ 칼럼에서 시

작되었다. 역사상 가장 최고위급 북한 인사의 망명을 두고 신문사마다 제각각 다른 표현을 썼는데, 그때 나는 '조국으로의 복귀'라고 쓰자고 제안했다. 그 칼럼을 선생이 본 것이다. 이후 선생과의 인연은 기영회 초청 강연뿐 아니라 명지대로도 이어졌다.

당시 우리나라 정치 현실에서 선생의 존재는 여러모로 달갑지 않은 면이 있었다. 그러다 보니 생활이 막연해지면서 누군가의 도움이 필요한 상황이었다. 그래서 내가 명지대 석좌교수 자리를 제안했다. 물론 그 과정이 쉽지만은 않았다. 우여곡절 끝에 임동원 국정원장과 상의를 거쳐 임용할 수 있었다. 여섯 명의 경호원으로부터 신변 보호를 받고 있던 선생이 명지대 안에서 강의하는 것은 여의치 않았다. 그래서 부득이 학교 밖에 연구실을 두고 교수와 대학원생들을 위한 강의를 하셨다. 그렇게나마 선생이 돌아가시기 전까지 월급을 드릴 수 있었다.

황장엽 선생은 매해 신년마다 나에게 연하장을 보내셨다. 첫 문장은 늘 '내가 사랑하는 유영구 이사장에게'로 시작하는데 그 글귀를 볼 때마다 뭉클했다. 홀로 남쪽에 와서 의지할 곳 없이 얼마나 외로우셨을까. 선생의 연하장을 받지 못한 지도 어느덧 15년이 넘었다.

 숱한 추억이 어린 명지빌딩을 매각해야만 했을 때는 마음 한 켠이 무너지는 것 같았다. 그때 전 총리이자 기영회 회원이셨던 정원식 선생이 내 마음을 가장 잘 헤아려 주며 안타까워하셨다. 내가 그곳에 얼마나 많은 공을 들이고 얼마나 애틋하게 살펴왔는지 누구보다 잘 알고 계셨기 때문이다.

 "어쩌냐, 유 이사장이 그렇게 공을 들였는데……."

 선생이 해주신 위로의 말씀엔 순간 울컥했으나, 그렇다고 내 속내를 다 보여드려서 걱정을 끼치게 할 수는 없는 노릇이었다. 그러니 이럴 때일수록 농담이 필요하지 않겠는가?

 "괜찮습니다."

 "괜찮아?"

 "그럼요, 괜찮습니다. 피카소도 뭐, 자기 작품을 자기가 다 갖고 있는 건 아니잖습니까?"

 "어, 그렇지. 허허허……."

 내가 농담을 사랑하는 이유다. 농담은 웃자고 하는 이야기이지만 또 다만 웃기기만 하고 끝나는 이야기는 아니다. 농담 끝에 이어지는 웃음에는 공감이 있고 위로가 있다. 그 웃음에 서로를 사랑하고 이해하는 마음과 믿음이 담겨 있다면 그것이야말로 진정한 농담이 아니겠는가.

*존경하는 유영구이사장*선생님께

북한 민주화와 한국의 민주주의를 수호하고 발전시키기 위하여
전력하고 계시는 선생님께 숭고한 경의와 감사의 마음을 담아
2005년 새해의 인사를 드립니다.

새해에 존경하는 선생님께서 부디 몸 건강하시고 사업에서 건승하시며
온 가족이 안녕하시고 행복하시기를 삼가 기원합니다.

존경하는 선생님의 두터운 배려에 진심으로
감사 드립니다.

새해에 존경하는 이사장 선생님께서
부디 몸체 건강하시고 고귀한 사업에 더 새로운
뜻 깊은 업적을 쌓아올리실 것을 충심으로
기원합니다.

황장엽 배상

북한민주화위원회 위원장
자유북한 방송위원회 위원장
탈북자단체 연합회 회장

황 장 엽 드립니다

"오른손이 한 일을

왼손이 모르게 하면서

왼손 빼고는 다 알게 하였다."

## 김동길 선생의 밥값

밥을 먹으러 갔다가 우연히 누군가를 만나는 것은 즐거운 일이다. 게다가 그 누군가가 내가 좋아하는 사람이라면 더할 나위 없을 터다. 가끔은 저쪽에서 나를 먼저 알아보고 인사를 건네오기도 하고, 인사할 사이도 없어 그저 눈으로만 아는 체했는데 내 밥값을 대신 내주고 가는 사람도 있다. 밥값의 크고 작음을 떠나 그 마음이 고마워서 그때의 기억이 더 오래 남곤 한다. 누군가의 따듯한 마음이란 전염성이 있는 것. 나 역시 그런 사람이 되면 좋겠다 싶었다.

한번은 밥을 먹으러 갔다가 김동길 선생이 그 식당에

셰시는 껏을 보았다 합석을 한 사람이 외국인 청년이라 그 자리에서 김동길 선생과 한국말로 인사를 길게 나누기가 미안했다. 반가운 마음을 다 전하지 못한 게 아쉬워서 슬쩍 김동길 선생의 밥값을 대신 내드렸다. 그러고는 먼저 그 식사 자리를 끝내고 나왔으니 선생은 내가 밥값을 대신 낸 걸 나중에야 알아차리셨을 것이다.

그런 경우 대개는 전화를 걸어와 고맙다고 말하거나, 왜 그런 쓸데없는 짓을 했느냐고 짐짓 야단을 치는 게 일반적인 일이기에 나도 모르는 사이 김동길 선생의 전화를 기다리게 되었다. 고맙다는 인사를 받고 싶어서 기다린 게 아니라, 식당에서 제대로 하지 못한 인사를 전화로나마 제대로 하고 싶었던 것이다.

그런데 전화가 오지 않았다. 바쁘신가 하면서도 궁금하지 않을 수 없었다. 혹시 무슨 일이 있으신가 싶기도 했다. 그래도 내가 먼저 전화를 걸면 인사 받으러 전화하는 꼴이 되는 터라 그냥 기다렸다. 짬짬이 생각날 때마다 그 사이에 무슨 일이 생긴 건 아닐 텐데 바쁘신 모양인가 보다 여겼다. 하루가 지나니 그마저 잊었다.

그런데 그렇게 며칠이 흐른 후 편지 한 통을 받았다. 발신인에 김동길 선생의 이름이 적혀 있었다. 오래전 일이기는 하지만 그때도 이미 서로의 용건을 편지로 주고받던 시절은 아니었다. 중요한 일이든 사소한 일이든 대개는 전화로 주고받았고, 편지는 공문서나 사업에 관련된 문서가 대부분이었다. 그런데 김동길 선생과 나 사이에 그런 일이 있을 리 없었다.

봉투를 열어보니 선생이 쓴 편지글이 나왔다. 내가 밥값을 대신 내준 것에 대해 고맙다는 인사를 전하는 편지였다. 한 자 한 자 정성껏 쓴 글씨만큼이나 그 내용도 참으로 다정했다. 그날 같이 밥을 먹은 사람이 외국인 제자인데, 그 서양 아이의 문화에서는 누가 대신 밥값을 낸다는 게 있을 수 없는 일이라 몹시 어리둥절해하더라는 것이다. 다정한 마음의 표현이라고 설명해 주었으나, 그 학생은 존경하는 마음의 표현으로 알아듣더라고도 했다. 그래서 선생 역시 몹시 뿌듯하고 자랑스럽기까지 했다는 내용이었다.

편지를 쓴 날짜를 보니 식당에서 우리가 마주쳤던 그날이었다. 선생은 그날이 다 가기도 전에 편지를 쓰신 것이다. 선생이 만년필을 기울여 편지를 쓰고 있는 모습이 눈앞에 그려졌다. 그 순간의 고마운 마음과 뿌듯함으로 따지자면 선생보다 내가 훨씬 더할 것 같았다. 겨우 밥값 한번 내줬다고 이런 편지를 쓰는 사람이 어디 있으며, 겨우 밥값 한번 대신 내고 이런 편지를 받을 수 있는 사람은 또 어디 있겠는가. 선생의 다정한 마음이 내게는 더없는 기쁨으로 다가왔다.

그나저나 이렇게 밥값 한번 대신 내고 더 큰 걸 받는다는 걸 알게 되었으니, 앞으로 내 지갑은 아주 홀쭉해지게 생겼다. 어쩌면 밥 먹으러 들어갈 때마다 아는 사람이 있나 두리번거리게 될지도 모르겠다. 그때마다 김동길 선생의 편지가 떠오를 것은 당연한 일이다.


유영구 이사장께

오늘 우연히 점심시간에 조선호텔 ARIA에서 만나 먼저 나가시면서 계산하고 끝낸 일을 두고 나는 그렇게 크게 놀라지는 않았습니다. 하지만 내가 점심 사준다고 데리고 갔던 미국 젊은이에게 "명지대학 이사장께서 너 먹은 것도 다 내셨다"라고 했더니 "그럴 수도 있습니까?"라며 놀라더군요. 그래서 제가 "한국에서는 그럴 수도 있다"라고 대답했습니다. 고맙습니다.

2008년 12월 14일

81수 김동길 적음

## 이 밤에 어디서 자나 슈샨보이

 연세대 동문들의 모임 중 로터리클럽이 있다. 이름도 연세대를 상징하는 무악로터리로, 회원이 100명이 넘을 정도로 규모가 크다. 나는 한동안 그 모임의 회장을 맡았다. 그때는 매주 화요일에 주회를 열어 저명한 강사를 초청해 강의를 듣곤 했는데, 워낙 훌륭한 분들이 많이 오셔서 좋은 말씀을 들려준 덕분에 재미가 아주 쏠쏠했다.

 한번은 서울대 교수이자 박목월 시인의 아드님인 박동규 선생이 오셨다. 나는 박목월 시인의 시 「나그네」를 유난히 좋아한다.

강나루 건너서 밀밭 길을

구름에 달 가듯이 가는 나그네

길은 외줄기 남도 삼백리

술 익는 마을마다 타는 저녁놀

구름에 달 가듯이 가는 나그네

술은 한 잔도 못 마시는데 유독 '술 익는 마을마다'라는 시 구절은 그렇게 마음에 와 닿을 수가 없었다. 물론 개인적인 인연도 있다. 나는 초등학교 5학년 무렵 원효로에 살았었는데, 우리 뒷집이 바로 시인 박목월 선생의 집이었다. 대시인과 이웃 간으로 사는 영광을 누린 셈이다.

당시에는 그것이 얼마나 큰 영광인 줄 몰랐다. 이웃에 사시는 분이 박목월 시인인 줄 몰랐기 때문이다. 기억에 남는 거라고는 그 집 사모님이 엄동설한에 어린애를 포대기에 싸서 업고 골목을 왔다 갔다 하던 풍경뿐이다. 나중에 생각해 보니 시상이 막 떠오른 남편에게 방해가 될까 봐 나와 있었던 게 아니었나 싶다.

박목월 시인께는 인사만 몇 번 했을 뿐이지만, 아드님인 박동규 선생과는 몇 살 차이가 나지 않는 터라 제법 형

동생처럼 가깝게 지냈다. 그렇더라도 그 시절에 박동규 선생에게서 아버지 이야기를 들은 기억은 없다. 그런데 무악 로터리에 초청한 날의 강의 제목이 '나의 아버지, 박목월'이었으니, 오랜 세월을 지나 비로소 이웃 시인의 이야기를 아드님을 통해 듣게 된 셈이었다.

그날 강의에서는 박목월 시인의 중학교 이야기가 특히 재미있었다. 시인은 원래 경주 분이신데 대구에서 중학교를 다니셨다고 한다. 어려운 살림에 유학생활을 하다 보니 자취를 하던 방값을 제때 치르지 못할 때가 많았던 모양이다. 하루는 학교를 마치고 집에 가니 주인이 짐을 전부 대문 밖에 내놓았더란다.

서럽기도 서러웠겠으나, 당장 그 밤에 갈 데가 없는 게 더 문제였을 것이다. 타지인 데다가 방값을 못 내 쫓겨났을 정도니 돈이 없는 건 당연했고, 한밤중이었으니 얼마나 난감했을까. 어린 나이에 떠오르는 데가 학교밖에 없었다고 했다. 그래서 시인은 그 밤에 짐을 들고 학교로 갔다.

마침 숙직을 하던 선생님이 시인을 발견했다. 그리고 딱한 사정을 듣고는 온실에서 재워줬다는 것이다. 그 밤에 학교 온실에서 가마니를 덮고 잔 그 기억을 시인은 잊지 못했다. 그래서 훗날 온실에서 본 '밤하늘의 별들이 속삭이다 가는 이야기를 글로 쓰려다 보니 시인이 되었다'고 회고하셨다. 박목월 시인의 온실 생활은 졸업 때까지 계속되었다고 하니, 온실에서 학창 시절을 보내고 온실에서 졸업을 한 셈이었다.

당시 모임에서는 강의가 끝날 때 회장이 인사하는 게 순서였다.

"제가 오늘 아주 큰 위로를 받았습니다."

사람들의 얼굴에 궁금한 기색이 떠올랐다. 감동도 아니고 위로라니.

"우리 아버님이 제게 항상 하시는 말씀이 너는 온실에서 자란 게 문제다 하셨거든요. '온실에서 자라 그렇다' 꾸중도 많이 하셨습니다. 그런데 오늘 강의를 들어보니 그게 꾸중 들을 일이 아니었네요. 온실에서 자란 저도 시인까지는 아니더라도 뭐가 좀 될지도 모르겠습니다."

그때 내가 몹시 활짝 웃으며 그 말을 했던 모양이다. 내가 들었던 꾸중과 같은 꾸중을 한 번쯤은 들어봤을 이들이 손뼉까지 치며 웃어댔다. 내 농담이 즐거움이 되면서 위로까지 되어주었으니 그보다 더 좋은 일은 없을 터였다.

# 인생에 '만약'은 없다

20세기가 우리에게 가르쳐준 게 있다면
그것은 '불가능'이라는 말을 쓸 때 조심해야 한다는 것이다.

역사에 '만약'이 없듯이, 인생에도 '만약'은 없다. 하지만 어쩐지 이 말을 꺼내지 않을 수가 없다. 내 친구 조영남을 생각하면 가끔은 '만약'이라는 단어를 조심스럽게 떠올리게 된다.

그가 만약 음치였다면 지금보다 더 유명한 화가나 저술가가 되지 않았을까?

이런 쓸데없는 생각이 문득 스쳐 지나갔다. 그는 이미 그림을 그려 전시회를 열었고, 판매도 했고, 덤으로 대필 논란까지 겪었다. 졸지에 재판까지 갔지만 결국 무죄 판결을 받았다. 책도 여러 권 썼는데, 그중에 『맞아 죽을 각오로 쓴 친일선언』이라는 책이 있다. 제목 그대로 정말 맞아 죽을 만큼 여론의 질타를 받았다. 그래도 음악 공연과 방송에서는 크고 작은 사고를 치면서도 꽤 잘 버티고 있다.

그런 영남이가 어느 날 친구들과 식사를 하다가 뜬금없이 내게 이렇게 말했다.

"야! 나 느네 학교 석좌교수 안 되냐?"

갑작스러운 질문에 나는 피식 웃으며 물었다.

"갑자기 그게 무슨 소리야?"

그러자 그는 아주 진지한 얼굴로 대답했다.

"그냥 어감이 멋있잖아."

이쯤 되면 조영남의 돌발 발언과 행동에 놀랄 필요도 없다. 그는 원래 그런 사람이다. 그의 말과 행동에는 어떤 숨은 의도가 있는 게 아니라, 그저 타고난 순진함과 솔직함이 있을 뿐이다.

나는 가만히 생각해 보았다.

'석좌교수'는 어감은 멋있을지 몰라도, 교수라는 자리는 그렇게 낭만적으로 얻을 수 있는 자리가 아니다. 대부분의 직장에서 채용, 모집, 초빙을 할 때 자격 요건을 명확히 명시해 둔다. 특히 연구와 교육을 다루는 대학의 교수 초빙 공고를 보면 더욱 그렇다.

공고의 제목은 분명히 '초빙'인데, 내용을 읽어보면 온갖 학위와 경력을 갖춘 '○○을 이수한 자', '○○을 소지한 자'만 지원할 수 있다. 그러니까 엄밀히 말하면 '초빙'이 아니라 '모집'에 가깝다.

'초빙'이란 단어는 존경과 예의를 담아 누군가를 정중하게 모신다는 의미다. 하지만 내용은 '자격을 갖춘 자만 모시겠다'는 거다. 그렇다면 '초빙'이라는 단어보다는 '모집'이 맞고, '자'보다는 '분'이 더 적절하지 않을까?

이런 걸 보면, 대학 교수가 되는 길은 매우 좁고 험난하다. 자격 요건을 보면 대학의 오만이 느껴질 정도다.

그런데 흥미롭게도, 의외로 교수보다 더 엄격한 자격 요건이 요구되는 직책이 있다. 바로 초등학교 교장이다.

얼마 전, 미국의 명문대에서 교육학 박사 학위를 받고 교육개발원장까지 지낸 훌륭한 분을 초등학교 교장으로 모시려 했는데 뜻밖에도 교장 자격이 없다는 사실이 밝혀졌다.

이유는 간단했다. 그는 초등학교 교사 경력이 없었기 때문이다.

초등학교 교장이 되려면 교장 자격 연수를 받아야 하고, 이를 위해 일정 기간 초등학교 교사로 근무한 경력이 필요하다. 대학에서 교육학을 연구하고 국가 교육정책을 수립하며 교육행정을 총괄했던 사람이라도 초등학교 교사 경력이 없으면 교장이 될 수 없다는 것이다.

 이런 자격 제한을 보면 실소를 금할 수 없다.

 하지만 반대로 의외로 자격 요건이 엄격하지 않은 자리가 있다. 바로 '총장'이다.

 나는 문득 영남이를 바라보며 정색을 하고 말했다.

 "석좌교수는 자격이 까다로워. 차라리 총장을 시켜달라고 해. 총장은 자격 제한이 없거든."

 그 말을 듣고 있던 영남이는 한동안 가만히 있더니 이내 빙긋 웃으며 말했다.

 "야! 총장도 어감 괜찮다!"

 나는 순간, 영남이가 대학 총장이 된 모습을 상상했다. 아마도 그는 매주 총장실에서 그림을 그리고, 교수들과 점심을 먹다가 즉흥적으로 노래를 부르고, 언론 인터뷰에서 돌발 발언을 던지며 또다시 여론의 도마 위에 오를 것이다.

그러고 보면, 자격이란 게 참 묘하다. 어떤 사람들은 온갖 조건을 갖추고도 기회를 얻지 못하고, 어떤 사람들은 남들이 정한 자격과 상관없이 자신만의 길을 만들어간다. 조영남이 바로 그런 사람이다.

그래서일까?

오늘따라 '만약'이라는 말이 더 의미 없어 보인다.

○

# 말의 정신을 이해했던
# 박태근 선생을 기리며

고상하고 순박하고 유익한 삶을 산 사람들의 영향력을
무력화시키는 힘은 이 세상에 없다.

"부회장님, 나중에 더 높은 자리에 올라가시면 저 책 살 돈 좀 주십시오."

구본무 회장이 LG그룹 부회장으로 재직하고 있을 때였다. 농담처럼 말씀드렸고 회장님 역시 농담처럼 내 말을 받았다.

"그 정도 돈은 내가 지금도 줄 수 있어."

당장 지갑이라도 꺼낼 기세였다. 내가 농담을 좋아하는 걸 잘 아는 분이셨으니 그 말도 그냥 농담으로 여기셨을까. 나중에 내가 고서를 만 권 넘게 사들이자 구본무 회장은 다시 농담처럼 말했다.

"내가 그 돈을 왜 준다고 했나 몰라."

사실 LG에서 지원한 책값은 그 돈의 가치 이상이었다. 전 세계 구석구석에서 먼지를 뒤집어쓰고 있던 고서들이 속속 문고로 들어와 서가를 채우기 시작했다. 어떤 책은 만나는 순간 심장이 뛰었고, 어떤 책 앞에서는 눈물이 고였다. 푼돈으로 사들인 책도 있지만, 어떤 책은 손을 벌벌 떨며 그 값을 치러야 했다. 이렇게 내가 고서와 만날 수 있게 된 것은 그날, 구본무 회장과의 농담에서부터 시작된 일이었다.

다만 농담에서 시작된 일이라고 해서 그 일이 허술하게 진행된 것은 아니다. 기금이 조성되자 제대로 조직이 꾸려지면서 실제로 일이 행해지기까지 가슴 설레는 과정만 있었던 것은 아니다. 머리를 싸매야 할 때도 있었고 언짢은 일도 생겼다. 무엇보다 조직 차원의 온갖 사무 과정을 해결해야만 했다. 돈을 벌자고 달려드는 일이라면 그 단호한 목적 앞에 모든 과정은 무릎을 꿇는다. 그저 결승선을 놓고 달려가면 된다. 달리다가 누군가는 넘어지고 피를 흘리기도 하겠지만, 어쨌든 누군가는 끝끝내 목숨을 걸고 그 결승선까지 달려간다.

하지만 고서를 모으는 일은 그렇지가 않다. 목적이라고는 오직 보람 있는 일에 대한 매혹뿐이다. 국내의 고서들은 각종 국가기관들에 의해 차곡차곡 발굴되어 모이는 데 반해, 외서들은 한 군데에 모여 있지 않아서 여기저기 흩어져 있거나 아예 파묻혀 있는 것도 많았다. 나의 일은 그 책들이 세상의 어느 구석에 숨어 있더라도 마지막 한 권까지 다 모아 한자리에 두어서 우리나라 사람들로 하여금 서양인들의 눈에 비친 조선을 파악하게 하고, 다시 그 시선으로 우리의 역사를 보게 하는 것이었다. 참으로 보람 있는 이 일은 다만 매혹되지 않고서는 보람을 찾을 수 없는 일이기도 했다. 당시에 내가 했던 말이 있다.

"보람 있는 일은 재미가 없고 재미있는 일은 보람이 없기 쉬운데, 이 일은 보람도 있고 재미도 있다."

재미라 말했지만, 사실 매혹이었다. 책이 한 권씩 발굴될 때마다 그리고 그 책이 연암문고로 들어올 때마다 보물 모으기를 하는 것 같았다. 그러나 보물을 알아보는 사람이 없었다면 그 보물이 어떻게 내게로 그리고 문고로 올 수 있었겠는가. 돈 있는 사람과 조직을 운영하는 사람, 그리고 학식 있는 사람은 많지만, 보물을 알아볼 수 있는 안목을 가진 자는 드물다. '명지대-LG연암문고' 상임연구위원이자 명지대 교수를 역임한 박태근 선생은 바로 그런 보석 같은 눈을 가진 분이셨다.

박태근 선생과 나의 인연은 연암문고가 꾸려지기 훨씬 이전으로 거슬러 올라간다. 다만 그 이야기는 나중에 할 참이다. 선생과의 인연에 대해 설명하고자 하면 도무지 다른 이야기를 할 수 없다. 천재인가 하면 괴팍하고, 괴팍한가 하면 허술하고, 허술한가 하면 똥고집인 사람이라 하는 짓 하나하나가 다 이야깃거리이기 때문이다. 물론 이야깃거리가 다양한 사람은 많다. 다만 그 속에 알맹이가 없다면 그건 다 허튼소리이거나 실없는 소리에 지나지 않는다. 그러나 박태근 선생은 아니었다.

연암문고 작업이 시작되고서 가장 먼저 입수한 작품은 「심양관도(瀋陽館圖)」 화첩이었다. 소현세자가 청나라로 끌려가 머물던 곳이 심양(瀋陽)이었고, 심양에서 세자가 거처하던 곳을 심양관(瀋陽館)이라고 불렀다. 세자는 그곳에서 8년이나 머물렀고, 그곳에서 세자의 일거수일투족이 세자를 수행한 신하들에 의해 기록되었다. 이 기록은 조선의 임금에게도 보내졌다. 「시강원일기(侍講院日記)」, 「심양장계(瀋陽狀啓)」 등이 그것이다.

그런데 정작 그 비통한 세월을 보낸 세자의 거처에 대해서는 알려진 바가 없다. 세자가 잠을 자고, 청나라 대신들을 만나고, 자신을 의심하는 임금의 분부를 받았던 그곳은 단순한 거처가 아니라 세자의 통한이 서린 곳이다. 세자는 어느 쪽 방에 누워 어느 쪽 벽으로 등을 돌리고 밤마다 잠들었을까. 아침에 일어나 임금을 향해 절을 했던 세자는 어느 마루와 마당에서 남몰래 한숨을 쉬었을까.

「심양관도」는 세자가 환국한 후 의문의 죽임을 당하고 그의 일가가 거의 멸족 당한 후로부터 백 년이라는 세월이 더 흐른 후, 영조 임금의 분부에 의해 그려졌다. 임금은 일부러 화공들을 심양까지 보내 세자가 머물렀던 곳을 그려오게 했다. 다만 그리하였다는 기록은 있으나 정작 화첩은 남아 있지 않았다. 그래서 세자의 심양관은 글로만 전해져 왔다.

그런데 인사동의 고서점에서 박태근 선생에게 연락을 해왔다.

"흥미로운 물건이 하나 들어 왔는데 와서 보시겠습니

까?"

 고서상이 그런 연락을 아무에게나 할 리가 없다. 제아무리 돈을 싸들고 있다 한들 그런 차례는 쉽게 오지 않는다. 하지만 그쪽 사람들에게 박태근 선생은 눈 밝은 사람으로 정평이 나 있었기에 귀한 물건이 들어오면 가장 먼저 연락을 해야 할 대상이었다.

 "보물이네."

 보물이 보물을 알아보는 순간이었다. 「심양관도」를 들춰보는 박태근 선생의 손끝이 미세하게 떨고 있었다. 괴팍하고 잘난 체 잘하고 아는 체도 많이 하던 선생이 손을 떨다니…… 그 순간 나는 이 일이 얼마나 보람 있고 재미있는 일이 될지 확신했다. 그리고 내가 해야 할 일이 무엇인지 보다 명확히 깨달았다. 저 보물 같은 사람이 맘껏 일할 수 있도록 나는 그냥 옆에서 잘 모시기만 하면 되는 것이다. 그것이 나의 보람이고 재미가 될 것이라는 사실에 가슴 한 켠이 뻐근해질 정도로 벅찼다.

 세상에서 아는 게 제일 많다고 자처하시는 박태근 선생은 사실 학위가 없다. 동경대 박사 코스를 수석으로 들어가 놓고는 정작 학위를 따지 않겠다고 고집을 부리셨다. 당시 동경대 박사 코스를 수석으로 들어갈 수 있는 사람은 관례적으로 일본인뿐이었다. 가장 명예로운 자리를 자국민에게 주고 싶은 일본인 특유의 독선 때문이리라.

  그런데 막상 수석을 한 학생이 조선인이라는 것이 알려지자 학교 당국은 당황할 수밖에 없었다. 그러던 와중에 학교에서는 이 골칫덩어리 학생의 건강 검진표에서 이 학생이 폐병을 앓고 있다는 사실을 발견했다. 조선인에게 수석 자리를 내주고 싶지 않던 차에 폐병을 핑계로 합격을 취소시킬 꼼수를 부렸을 수도 있다.

  그러나 이야기가 이렇게 끝나버리면 재미없지 않겠나, 조선인에게 수석 자리조차 주고 싶지 않은 일본인이 있는 반면, 명예를 지키려는 일본인들도 있었다. 그들은 수석 합격생이 앓는 병이 가난에 의한 것이니, 그 가난을 탓해서는 안 된다는 결론을 내렸다. 그러다 보니 조선인이라는 것이 오히려 부차적인 문제로 전락했다. 박태근 선생은 그렇게 동경대 박사과정 수석 합격생이 되었다. 그런 그가 학위 따위가 별거냐며, 정작 학위 취득을 내던져버린 것이다.

그러니 교만이 하늘을 찔렀다는 말이 나오지 않을 수 없었다. 박태근 선생의 교만과 관련된 일화는 여기서 그치지 않는다. 후진타오가 방한했을 때의 일이다. 신문 기사에 의하면 후진타오가 김영삼 전 대통령과 담화를 나누며 한국의 단풍이 참으로 아름답다는 말을 했다고 한다. 김영삼 전 대통령은 그 말에 화답하여 "이토록 아름다운 단풍을 감상하며 조깅이나 같이 하실까요?"라는 제안을 했다는 것이다. 단풍 이야기를 조깅으로 받는 대통령의 품격에 대해서도 할 말이 없어지지만, 그 대화에 대한 박태근 선생의 논평도 보통은 아니다.

중국의 명시인 중에 단풍을 가장 아름답게 시로 쓴 사람은 당나라 시인 두목(杜牧)이다. 두목은 「최치원전」을 쓰기도 했다. 그러니 후진타오가 단풍을 거론한 것은 두목을 거론한 것이고, 두목을 거론한 데 화답해 김영삼 대통령이 최치원을 거론했다면 두 정상이 양국의 역사를 훈훈하게 얘기하면서 참으로 지적인 대화가 될 수 있었을 것이라고 논평했던 것이다.

실제로 이루어지지 않은 대화의 속내까지도 읽어내는 박태근 선생의 이 말이 역사적 사실과 얼마나 부합하는지에 대해서는 일부러 찾아볼 필요가 없다. 그냥 믿으면 된다. 예를 들어 「함녕전 시첩(咸寧殿 詩帖)」이 그렇다. 이 책이 연암문고로 들어온 것도 운명적인 일이었다. 「함녕전 시첩」은 그 존재가 알려져 있긴 했지만 실물이 확인되지 않은 보물이었다.

어느 날 일본의 고서점 에이전시에서 연락이 왔다.

"이완용의 글씨가 곧 경매에 나올 것 같은데 구입하시겠습니까?"

연암문고의 정기답사가 있던 날의 일이었는데, 사실 연암문고는 서양 외서 소장을 목표로 하고 있었기에 이완용의 글씨는 관심 밖이었다. 게다가 박태근 선생은 서구권 전문가는 아니었다. 하지만 세계의 고서, 특히 우리나라와 관련된 고서는 여전히 도쿄에 가장 많았기에 박태근 선생을 통해야만 했다. 그 정보 사이에는 서양 외서는 아니어도 우리가 결코 놓쳐서는 안 될 보물들이 끼어 있기도 했기 때문이다.

「함녕전 시첩」은 그렇게 발굴된 책으로, 이완용을 비롯한 친일파들의 시를 붙여 만든 것이다. 이토 히로부미가 통감직을 사직하고 조선을 떠날 때 고종이 그를 위해 환송

연을 열었다. 그때 마침 비가 내려 고종이 시회를 제안했고, 시운으로 '인신춘(人新春)'을 내렸다. 이토 히로부미와 일본 관료들, 그리고 이완용이 시를 이어나갔다. 그 시가 시첩으로 만들어졌을 때, 고종이 그 앞에 서언을 붙여주었다. 길이가 8미터에 이르는 이 시첩이 연암문고로 올 때까지 그것이 무엇인지 알아보는 사람은 아무도 없었다. 그저 이토 히로부미 글씨이거나 이완용 글씨 정도로 여겼을 뿐이다. 그 안에 고종의 글씨가 포함되어 있다는 것조차 알아보는 사람이 없었다. 임금은 글씨만 쓰고 인장을 찍지 않았기 때문이다.

임금이 그런 시첩에는 인장을 찍지 않는다는 것, 대신들과 함께 인장을 남기는 것이 국왕의 체통에 어긋나는 일이라는 것을 알고 있는 사람은 박태근 선생뿐이었다. 그것이 고종의 글씨라는 걸 알아본 사람도 선생이 유일했다. 그러나 아직 감동하기엔 이르다. 고종이 내린 '인신춘'이라는 시운의 의미를 안다면 전율이 일 테니 말이다.

그 시운은 당나라 시인 두목의 시 「제도화부인묘(題桃花夫人廟)」의 운을 따왔다. 즉, 오래 전 중국에서 나라를 잃은 슬픔을 읊었던 시의 운을 교묘하게 따온 것이다. 그럼에도 그 자리에 모였던 대신들은 아무도 그걸 알지 못한 채 매국의 시를 읊었다. 거기에 고종이 덧붙인 서언은 '동감지의(同感之意)'였다. 매국에 동감한다는 뜻이었을까.

'인신춘'이 어디서 온 줄 몰랐다면 이 시첩은 그저 망측한 매국의 시첩으로 남았을 것이다. 하지만 박태근 선생의 안목으로 인해 그것은 망국의 슬픔으로 다시 빛을 발하게 되었고, 고종의 동감과 슬픔이 무엇인지 그 깊은 의미도 세상에 드러나게 되었다.

도대체 박태근 선생은 어떻게 그런 것까지 안단 말인가. 세상의 모든 시를 다 읽는다고 하더라도 그렇게 쉽게 두목의 시를 찾아내기는 어렵고, 학식이 깊고 한자를 잘 안다고 해도 고서의 뜻을 정확히 읽어내기는 어렵다. 대개 글자는 읽을 수는 있되 그 내용을 읽어내지는 못하는 법이다.

우리나라의 고서들은 대개 옛글을 따와서 그 내용을 채우는데 그 옛글을 알지 못하면 그 옛글이 인용한 또 다른 옛글도 알기 어렵다. 무엇보다도 그 글의 정신을 알지 못하면 글자는 글자로만 남을 뿐이다. 그래서 고서를 읽는 것이 한자 실력만으로 되는 일이 아니다. 이는 선생만이

할 수 있는 일이다.

박태근 선생은 대만과 일본에서 공부했는데 베이징대학 학장으로부터 "중국 사람보다 더 중국어를 잘하십니다"라는 칭찬을 들었다고 한다. 그 말은 단순한 감탄이나 칭찬이 아니다. 그것은 존경의 표현이다. 말을 잘한다는 것은 말의 정신을 이해한다는 뜻이고, 그 말로 표현되는 지식을 더 많이 알고 있다는 뜻이기 때문이다.

박태근 선생이 돌아가셨을 때 애석하게도 나는 그 곁을 지킬 수 없었다. 꽤 오랜 시간 그분을 모실 수 없는 사정이 있었다. 선생이 떠오를 때마다 참 마음이 아팠다. 괴팍하고 고집스러웠으나, 서툴기가 짝이 없어서 누군가 곁에서 모시지 않으면 그 재주를 다 발휘하지 못하셨다. 낯도 가리고 난데없이 우물쭈물할 때도 있으셨다. 하지만 곁에서 분위기를 맞춰주면 그때부터 자신의 보물들을 꺼내기 시작했는데 한번 나오기 시작하면 거침이 없었다. 내가 그걸 다 해드리겠다고 결심했었는데 그걸 끝까지 못했고, 임종도 지키지 못했다.

지금도 박태근 선생을 생각하면 울컥 슬픔이 밀려온다.

내게는 큰 선생이자 친구였던 선생의 이야기를 듣는 시간은 행복하고 즐거웠으며, 같이 있는 것만으로도 공부가 되었다. 그런 선생이 돌아가시고 나니 함께 사라진 것들이 너무나 많다. 내 마음의 어느 한 부분도 사라져버린 것만 같다.

그토록 열정과 보람에 차서 매달렸던 일들, 아무것도 바라지 않고 그저 매혹되어 해오던 일들이 빛나는 가치로 쌓이는 것을 바라보았던 시간들······. 그 모든 순간이 다 좋았다. 그 시절이 박태근 선생과 함께 사라져버린 것이다. 이제 내게 남은 것은 연암문고 한 켠의 서가를 채운 선생의 기증본들뿐이다. 대개는 한문으로 된 서적인데, 참으로 감사하게도 선생은 간혹 그 책들 사이사이에 친필 메모를 남겨놓으셨다. 어느 날 펼쳐본 당나라 여류 시인 설도(薛濤)의 책에는 이런 메모가 있었다.

'범재들이 땅에 엎드려 있는 동안, 진정한 천재는 하늘을 난다.'

설도의 시를 이렇게 칭송하고 싶으셨던 걸까? 나로서는

그 의미를 알 수 없다. 다만 나는 나대로 그 글귀를 다르게 읽는다. 내게는 선생이야말로 다른 모든 군용들 사이에서 홀로 하늘을 난 '금용'이었다. 나는 그 하늘을 쳐다보는 것만으로도 행복했다. 오늘따라 유난히 선생이 그립다. 선생은 내 생일날 돌아가셨다.

## 김동건 형과 〈가요무대〉

사회자는 무대의 나침반, 감정의 택배기사다.
시간과 향수를 정확히 배달한다.


김동건 아나운서와 오래 친하게 지냈다. 형 아우로 지내면서 위로가 필요할 때마다 위로를 받고 힘이 필요할 때마다 힘나는 얘기를 들었다. 나와는 유독 친했고, 우리끼리 우스운 소리도 잘했다. 형이 잘 다니는 한식당이 있었다. 그 집에 김동건 비빔밥이라는 메뉴가 있다는 말을 듣게 되었다. 형이 입맛을 아는 사람이니 뭐 특별한 레시피로 만든 음식인가 싶었다. 이름만 들어도 군침이 도는 것이 그냥 음식의 맛에 대한 기대인 것만은 아니었다. 우리가 서로의 입맛까지 아는 사이이니 그 음식을 먹는 맛이 우정과 세월의 맛을 비빔밥처럼 아주 맛있게 섞어놓은 맛일

거이라고 생각했다.

그런데 특별히 주문해서 나온 비빔밥이 기가 막혔다. 맛이 기가 막힌 게 아니라 그 음식이 기가 막혔다. 김동건 비빔밥이란 것이 똑같은 나물 고명에 계란 후라이만 하나 빠져 있는 것이었다. 그러니까 분식집에서 라면 시키면서 계란 넣어주세요, 혹은 계란 빼주세요 하는 거나 다를 바가 하나도 없는 것이란 소리였다. 그래 놓고는 떡하니 김동건 비빔밥이라고 이름을 붙여놓았다. 물론 음식점에서 붙인 게 아니라 본인이 붙여놓고 자랑하는 것이다. 동건이 형이 그런 사람이었다. 싱겁고 우스운 사람. 싱거운 소리 해놓고도 시침을 뚝 떼고 태연한 사람.

그런 사람에게 내가 도리어 위로를 하게 될 날이 있을 줄 몰랐다. 형이 <가요무대> MC를 한동안 쉴 때였다. 아는 사람은 알겠지만 <가요무대>라는 것이 엄청난 프로그램이다. 1985년에 첫 방송을 시작해 지금까지 이어지고 있으니, 장수 프로그램으로는 <전국노래자랑>과 쌍벽을 이루지 않을까 싶다. 단지 장수했다는 이유만이 아니라 시청자들에게 준 즐거움을 생각해 보면 더욱 그러하다. <전국노래자랑>이 MC 송해 선생과 함께 온 국민에게 웃음과 즐거움을 주었다면 김동건의 <가요무대>는 온 국민에게 감동과 행복을 안겨주었다. 이 프로그램에 대한 형의 자부심도 대단했다. 오랜 세월을 함께하는 동안 그 애정이 깊어질 대로 깊어졌다.

그런데 이런저런 이유로 형이 그 프로그램에서 하차를 하게 되었다. 2003년도의 일이었다. 그때 형의 상심이 보통이 아니었다. 곁에서 지켜보던 우리도 마찬가지였다. 형은 사랑하는 사람을 잃기라도 한 것 같은 상심이었을 테지만 우리는 형이 병이라도 날까 봐 안절부절못하지 않을 수 없었다. 어찌나 속상해하고 어찌나 쓸쓸해하는지 병이 나도 큰 병이 날 것 같았다. 그래서 동생들끼리 마음을 모아 형을 위로하는 자리를 마련했다.

그 첫머리를 내가 열게 되었다. 형의 상심이 보통이 아니니 첫머리의 위로가 잘되어야 했다. 그러나 준비된 말 같은 건 없었다. 진심을 담은 위로라는 것이 미리 준비하고 연습한다고 되는 일은 아니니까 말이다.

"형이 <가요무대>에서 잘 잘렸어요."

내가 첫마디를 하자 자리에 모였던 사람들의 얼굴이 순식간에 뜨악해졌다. 위로를 해도 모자랄 판에 잘렸다는 말을 저렇게 서슴없이 하다니.

"내가 그 이유를 알아요. 형이 MC를 보는 동안 청중들은 물론이고 시청자들도 전부 형 얼굴만 봤잖아요. 음악은 듣는 둥 마는 둥 하고. 너무 잘난 것, 그것도 문젭니다."

좌중에서 박수가 터졌고, 동건 형의 얼굴에도 미소가 번졌다. 자기가 잘난 걸 알아서 미소 짓는 게 아니라 그 무대에서 자기가 얼마나 빛이 났는지 알기 때문에 짓는 미소였다.

그 형이 다시 <가요무대>로 돌아갔다. 7년 뒤에 복귀해서 여태까지 진행을 맡고 있다. 그러는 동안 형의 나이가 80을 넘겼다. 빛나게 잘생겼던 형의 얼굴에는 이제 세월이 새겨졌는데, 그 세월이 은은하고 아름답다. 여전히 뭔가를 사랑하는 사람의 얼굴이다. 노래와 무대를 사랑할 뿐만 아니라 늙음과 세월을 사랑하는 사람의 얼굴이기도 하다.

잘난 형 동건 형을 여전히 티브이에서 볼 수 있으니 내 기쁨도 여전하다.

## 손숙 누님의 환경부 장관 취임

세월이 흐르고 무대가 바뀌어도 그는 변함없이 빛난다.
노배우라는 이름이 그의 인생과 연기의 깊이를 설명한다.

전 환경부 장관이고 출중한 연극배우인 손숙 씨는 내 친한 친구의 누나다. 학창 시절부터 그 친구와 군대생활을 같이하며 자연스럽게 누님과 알게 되었다. 그런 세월이 오래되다 보니 친구 누나라기보다는 친누나같이 여겨질 때도 많았다. 첫째 아들로 태어나 아래로 동생들만 두고 있다 보니 나로서는 친누나 같은 누님이 더욱 각별했을 것이다. 많은 경우 든든했지만, 실은 이 누님이 여동생 같을 때도 많았다. 철이 없다는 뜻이 아니라 한없이 선하고 때때로 몹시 여렸기 때문이다.

아마도 그런 감성이 있어서 무대에서의 연기도 그토록

훌륭히 수행할 수 있었을 것이다. 때로는 세상을 보듬고 때로는 그 세상에 상처 입는 모습을 그렇게 멋지게 표현할 수가 없었다. 멋있는 것은 무대 위의 모습만은 아니었다.

누님이 이해랑연극상을 수상하셨을 때였다. 나 역시 당연히 그 시상식에 참석해 기쁨을 함께 나누고, 축사도 했다. 시상식이 끝나고 그 자리에 참석한 사람들과 다시 한번 축하의 인사와 감사의 인사가 오고갔다. 그때 그곳에 없는 사람의 안부가 짧게 화제에 올랐는데, 당시 그분이 안 좋은 일을 겪고 있다는 얘기였다. 그러자 누님이 그 자리에서 당장 여기 있는 사람들이라도 성의를 모아 그분을 돕자고 나섰다.

다른 때도 아니고 다른 자리도 아니고 본인이 그토록 큰 상을 받고 그 자리가 다 마무리되기도 전인데, 누님은 당연하다는 듯이 어려운 일을 겪는 지인을 돕는 일에 팔을 걷어 부치고 나선 것이다. 어려운 이를 앞장서 돕는 것도 아무나 할 수 있는 일이 아니지만, 그런 일에 때와 장소를 가리지 않는 것은 더더군다나 아무나 할 수 있는 일이 아니다. 이해랑연극상의 시상식이 보통 자리인가. 그러나 누님은 자신의 영광만큼이나 어려운 이를 돕는 일 역시 중요했던 것이다. 선하고 따듯한 마음의 소유자가 아니라면 결코 가능한 일이 아니었을 것이다.

내가 누님의 그 따듯한 마음에 기대어 버릇없이 굴 때도 많았다. 누울 자리를 보고 발을 뻗는다는 말이 괜히 있는 게 아니다. 따듯한 사람 앞에서는 버릇없이 굴어도 그 버릇없는 행동이 무례에까지 이르지는 않는다. 내가 그렇게 행동하는 게 아니라 그 사람이 나를 그렇게 만든다.

누님이 환경부 장관에 취임하게 되었을 때였다. 누님에게나 누님을 알고 지내던 지인들에게나 보통 영광스러운 일이 아니었다. 그러나 정치 계통의 일이라는 것이 늘 그러하듯 그런 큰일에 잡음이 없을 리 없었다. 특히나 누님의 경우는 경력이 문제가 되었다. 연극배우로 커리어를 쌓은 누님의 경력이 환경부 장관으로서는 적합하지 않다는 반대론이 거셌고, 이 때문에 누님이 마음고생을 많이 하셨다. 마침내 국회청문회가 다가오자 누님이 마음을 좀 다스리고 싶었던지, 우스운 소리 잘하는 나를 찾아오셨다. 그날, 청문회가 시작되기 직전 둘이서 점심을 같이했다.

청문회를 앞둔 누님의 각오는 분명했다. 장관 후보자로서 자신감도 확실했다. 그러나 아무래도 이런저런 잡음들 때문에 심란한 마음이 아주 없지는 않은 것 같았다. 그 자신감과 각오에 뭔가를 더 보태드릴 깜냥은 내게 없겠으나 누님의 심란한 마음을 가시게 하는 데는 일조할 수 있을지도 몰랐다. 그래서 내가 이렇게 말문을 열기 시작했다.

"내 생각에는 누님만큼 환경부 장관 적격자가 없어요."

누님이 궁금하다는 시선으로 내가 그렇게 생각하는 이유를 물었다.

"환경부의 가장 큰 문제가 뭔지 아시죠?"

환경부 장관 후보자가 그걸 모를 리 없을 터다. 그걸 누님이 직접 줄줄 말하기 전에 내가 먼저 잘라 말했다.

"무관심이거든요. 환경문제에 가장 필요한 건 국민적 관심인데 말이죠. 국민적 관심만 있으면 해결 안 될 일이 없거든요."

이자가 무슨 말을 하려는 건가, 여전히 궁금해하는 누님의 눈빛을 읽을 수 있었다.

"그런데 지금처럼 환경부에 국민적 관심이 쏠렸던 적이 없었잖아요. 다 누님 덕분인 거죠. 그러니까 누님 아니고 누가 장관을 하겠냐는 거죠."

누님의 얼굴이 환해졌다.

"그럴까?"

누님을 웃기려고 한 말에 내가 웃음이 터졌다. 그럴까 하고 묻는 누님의 얼굴이 너무 진지했던 것이다. 누님이 내 말을 못 알아들을 만큼 순진한 사람이어서 그렇게 되물은 것은 아닐 터였다. 그러니, "아닙니다. 청문회에서 그렇게 말씀하시면 큰일납니다"라고 말할 필요는 없었다. 잠깐 뒤에 둘이 동시에 다시 한번 웃음을 터뜨리는 것으로 충분히 족했다. 누님의 마음이 한결 가벼워진 것처럼 보였기 때문이다. 웃음이 주는 위로의 힘이란 참으로 이런 것이다.

여기 대지의 무릎에 그는 머리를 베고 누워 있다.

일찍이 재산과 명예를 알지 못했던 젊은이.

학문은 그의 미천한 신분에 얼굴을 찌푸리지 않았고…….

_토머스 그레이 「묘비명」 중에서

## ○
## '영원'보다 값진 '잠깐'

### 고병익 선생님을 추모하는 편지_ 태평관기영회 선생들께

太平館 耆英會 선생님 玉案下

삼가 問安드립니다.

오늘의 上書는 高炳翊 선생님의 長逝를 함께 슬퍼하고 함께 追慕하는 사연으로 엮었습니다.

그 어른께서 오랫동안 병원살이를 하셨지만, 머지않아 快癒하셔서 건강한 모습으로 저희를 찾아주시고 다시금 耆英會 모임을 함께 하실 것을 믿어마지 않았습니다.

他界하시리라고는 정말 생각할 수 없었으며, 그 어른 춘추 여든은 현대 사회에서는 아직 老益壯하실 때입니다.

이제 참으로 놀랍고 슬픈 부음으로 저로서 십여 년 전

親喪을 치른 뒤 다시 겪는 크나큰 슬픔, 아픔이었습니다.

耆英會 선생님들께서는 그 어른과 함께 벗하고, 함께 일하고, 또 깊은 정을 나누신 터라 저보다 더욱 悲痛하시리라 생각됩니다. 가없는 슬픔을 함께하오며, 아울러 심심한 위로의 말씀을 올리는 바입니다.

高 선생님의 高邁하신 인품과 높으신 學德은 이미 세상 사람들이 익히 아는 터이오며, 참으로 一世의 師表로서 그 어른의 存在感은 바로 時代의 存在感이었습니다.

이제 그 어른께서 영영 떠나심으로 한 시대가 막을 내리는 것 같습니다.


高 선생님과 저의 세상 인연은 그 어른의 晩年에서 他界에 이르는 결코 길지 않은 잠깐 사이, 옛말 그대로「須臾」였었습니다. 그러나 이 '잠깐'은 '영원'보다 길고 값진 것이었습니다.

그 어른을 저희 明知大學校 碩座敎授로 모시기로 하고 말씀드릴 때 혹시나 하고 불안스러웠지만, 그 어른께서는 마다하지 않으시고 欣快히 받아주셔서 이 일로 인해 그 어른을 가깝게 모시게 된 것입니다.

泰山처럼 멀리서 항상 우러러 사모하던 님을 집 앞의 금잔디 동산처럼 咫尺에서 뵙게 되어 '눈의 遠近法'이 '마음의 遠近法'으로 練金된 기쁘고 보람된 나날을 보냈습니다. 그러나 하나님께서 만남의 기쁨과 헤어짐의 슬픔을 아울러 주셨습니다.

참으로 견디기 어려운 시련이오나 뜻대로 하옵소서. 오직 順命할 따름입니다.

高 선생님께서 비록 가셨지만 님께서 남기신 耆英會는 님의 마음과 항상 함께 있습니다. 부덕하고 모자라는 저이지만 이제 고인이 되신 高 선생님의 뜻을 받들어 耆英會 선생님들을 더욱 정성껏 모시겠습니다.

끝으로 삼가 故人의 冥福을 다시금 비오며 故人께서 지극히 아끼시고 사랑하신 耆英會 선생님!

내내 平安하소서.

俞榮九 鞠躬

3장

사유와 행동

# 결국 인생은 우리 모두를
# 철학자로 만든다

○

# 원칙과 원칙이 부딪힐 때

    30대 초반에 재단의 감사직을 맡고 있을 때의 일이다. 젊은 나이에 맡은 중책이니만큼 열의도 있었고 사명감도 컸지만, 무엇보다 일을 잘 배워야겠다는 생각이 컸다. 아이디어도 번득였고, 그걸 추진해 보고 싶은 열정도 넘쳤다. 그런 이유로 나에게 이사회는 긴장되고 지루한 시간이 아니라 손꼽아 기다리는 회의였다.

    그런데 한번은 이사회의 분위기가 갑자기 싸늘해진 적이 있었다. 주요 의제에 관한 토의가 다 끝나고 인사 안건에 이르렀을 때였다. 보통 인사 안건은 각급 기관에서 사전에 충분히 검토되고 걸러져서 이사회에 상정되기 때문에 별도의 토론 없이 거의 통과의례식으로 진행된다. 그런데 중고등학교 영선부의 신규 채용 건이 아버지의 눈에 띄었던 것이다. 그럴 만도 했다. 새로 채용된 영선부 직원은 아버지가 아는 사람이었기 때문이다.

당시 이사장이셨던 아버지의 철두철미하고 치밀한 성격은 정평이 나 있었다. 예산 심의를 할 때는 숫자의 소수점 자리까지 확인하고 지적하는 분이었다. 그런데 그날 회의에서 영선부 직원이 문제가 된 것은 아버지의 깐깐하고 철두철미한 성격 때문이 아니라, 그 직원의 전력 때문이었다.

그는 유 씨 집안사람으로 촌수를 따지자면 한참 먼 사이지만, 어쨌든 이런저런 인연으로 몇십 년 동안 명지중고등학교에서 조경 일을 해왔다. 집안사람이면 오히려 거리를 두고 더 날카로운 잣대로 평가해야 하는 요즘과는 다른 시절의 일이다. 무엇보다 이분의 일솜씨가 괜찮아서 조경 업무를 보는 동안 학교가 깔끔했다. 나무는 때마다 가지가 잘 쳐져 있었고, 꽃도 철마다 맞춤한 듯이 피어나곤 했다.

아이들이 자라는 것은 시간이 걸리는 일이고 눈에 잘 보이는 일이 아니지만, 꽃과 나무들은 달랐다. 꽃은 아이들보다 먼저 화사하게 피고, 나무들 역시 아이들을 대신해

쑥쑥 자랐다. 꽃을 피우고 나무를 키우는 일은 아이들의 세계를 가꾸는 일이기도 한데 유 씨 아저씨는 그 방면으로는 솜씨와 정성이 남달랐다.

문제는 이분이 술을 너무 좋아한다는 데 있었다. 봄에는 꽃이 예뻐서 한잔, 여름에는 나무 그늘이 시원해서 한잔, 가을에는 단풍 든 풍광이 좋아서 한잔, 겨울에는 가지 위에 쌓인 눈에 가슴이 시려서 또 한잔……. 그렇게 한 잔씩만 드셨다면 좋았을 텐데 안타깝게도 꽃이나 나무보다 술을 더 좋아하게 되어버렸다. 급기야 아이들까지도 그가 풍기는 술 냄새를 맡을 지경이 되었다. 결국 문책이 이어졌는데 그게 괴로워서 또 술을 찾는 바람에 더 이상 학교에서 일할 수 없는 지경에까지 이르렀다. 마침 딸의 결혼이 임박했던 그는 퇴직금도 필요했던 차에 아예 학교를 그만두게 되었다.

하지만 세상일이란 게 어디 그러한가. 퇴직금은 이내 거덜 나고 돈이 아쉬워지자 그렇게 싫었던 야단맞는 일조차 그리워졌던 모양이다. 이런저런 연줄을 찾아서 다시 일하게 해달라는 청을 넣었는데, 그 청을 받으신 분이 당시 인사 담당이던 당숙이셨다. 아버지가 예리한 칼날 같은 분이라면 당숙은 그 예리함을 감싸주는 칼집 같다고나 할까. 묵묵히 한 자리에서 모난 곳은 둥글리고 손 베일 만한 곳은 덧대가며 일이 순하게 굴러가도록 하는 분이었다.

당숙은 승진도 이직도 하지 않고 30년이 넘도록 한 자리만 지키셨다. 앞에 나서서 모난 일을 맡아야만 했던 사람들은 그분의 도움을 받았고, 나중에는 그분의 그늘에서 쉬기도 했다. 그러니 유 씨의 청도 그분에게 갈 수밖에 없었을 것이다. 그러다 보니 당숙은 영선부 결원이 생긴 곳에 유 씨 아저씨를 넣어줘도 좋겠다고 생각하신 모양이다.

영선부란 요즘 말로 하면 시설부다. 전기 자재부터 수도 난방까지 학교의 온갖 시설을 관리하는 부서인데, 그 당시에는 업무의 대부분이 부서진 책걸상을 수리하는 일이었다. 그런 자리에 유 씨 아저씨가 거론되었으니 나 역시 아뿔싸 하는 마음이 들었다.

"아니, 이 양반이 어떻게 이 일을 한다는 거요?"

아버지의 목소리에는 마땅치 않은 기색이 역력했다.

"이 양반 술은 끊었나?"

그런 사적인 질문을 할 만한 자리는 아니었다. 하지만 전력이 그다지 좋지 않은데 단지 집안사람이라는 이유로 채용해야만 하느냐라는 문책의 말씀이셨던 것 같다.

지금과는 다른 시절이었다. 원칙과 함께 인정(人情)도 용인되던 시절이었다는 뜻이다. 그러나 인정이 통하려면 그에 맞는 자격도 있어야 하는 법. 자격이 없는데 인정 차원에서 사람을 쓰면 그것은 가장 나쁜 경우의 청탁이 아니겠는가. 그때 아버지가 하고자 한 말씀의 핵심이 바로 그것이었다. 이사회의 분위기는 갑자기 차갑게 얼어붙었고, 사람 좋은 당숙은 고개를 숙인 채 말을 잇지 못하셨다.

"아니, 조경 일을 하던 사람이 어떻게 영선 일을 한다는 겁니까? 영선이 뭡니까? 책상과 의자를 고쳐야 하는 거잖아요. 아이들에게 책상과 의자가 얼마나 중요합니까? 그런데 조경밖에 모르는 사람을 같은 집안이라고 뽑다니요."

분위기가 점점 더 험악해져 갔다. 당시 나는 30대 초반이었고, 게다가 감사직을 맡아 묻는 말에 조심스럽게 의견만 내던 무렵이었으므로 나서서 내 생각을 밝힐 수 있는 군번이 아니었다. 그런데 내가 입을 열었다.

"저, 제 생각은……."

아버지의 마뜩찮은 시선이 내게로 꽂혔고, 다른 이사들의 난감한 표정도 마찬가지였다.

"산 나무도 만졌는데 죽은 나무라고 못 만지겠어요? 그러니까 자격이 없다고는……."

"뭐라고?"

"책걸상은 죽은 나무인데 산 나무 만지는 것에 비하면……."

누군가 킥, 하는 웃음소리를 내자 잔잔한 호수에 이는 파문처럼 그 웃음이 좌중으로 번지기 시작했다. 그러나 아버지의 입매가 떨리는 듯했다. 순간 '아뿔싸, 크게 야단을 맞겠구나' 했는데, 돌연 아버지의 입에서도 웃음이 터져 나왔다. 이사회가 폭소로 물드는 순간이었다.

세상에 단 하나의 원칙은 없다. 원칙과 원칙이 부딪힐 때, 올바른 해답을 구하기 위해서는 먼 길을 돌아가야 할 때도 있고 긴 시간이 필요할 때도 있다. 그렇게 다투며 얻어내는 결론이 정말이지 무의미하고 보잘것없는 경우도 많다. 하지만 가끔은 농담이 물꼬를 트는 역할을 하기도 한다. 원칙과 원칙이 부딪힐 때, 잠깐 멈춰 서서 맞은편을 바라볼 필요가 있듯이 말이다.

"모세가 위원회를 통해 정치를 했다면

이스라엘 사람들은

끝내 홍해를 건너지 못했을 것이다."

## 배려가 갖추어야 할 미덕

타인을 배려한다는 것은
그가 말하지 않는 말을 먼저 알아차리는 능력이다.

일본 후쿠이현에는 후쿠이공업대학이 있다. 이 대학의 이사장은 아버지와 의형제나 다름없이 지내셨기에 아버지가 돌아가신 후 내게는 숙부와도 같은 존재가 되었다. 어려운 일이 있으면 아버지 대신이라 여기고 당신과 상의하라고 하신 말씀은 잊을 수가 없다.

후쿠이공업대학은 아주 작은 대학이다. 그런데 이 대학에서 학생회관을 신축하기 위해 공사를 하던 중 온천이 터졌다. 그야말로 앞마당을 파다가 유전을 발견한 것이나 마찬가지인 셈이니, 횡재도 그런 횡재가 없었다. 그 온천으로 크게 사업을 벌일 수도 있었다.

그런데 후쿠이대학의 이사장은 사업가가 아니라 교육자셨다. 돈 벌 궁리를 하는 대신 학교 안에 온천장을 만들어 학생들과 교직원들에게 제공하기로 결정했다. 학교 손님들을 위한 게스트룸도 만들었다. 온천이 있는 학교라니. 너무 근사하지 않은가. 그 온천물을 끌어다가 우리 학교 학생들의 몸도 담그게 해주고 싶다는 생각이 들었다.

온천장이 완공된 후, 나와 우리 학교 식구들은 이사장의 초청을 받아 후쿠이공업대학을 방문했다. 아무려나 우리 숙부님이 아니신가. 숙부님 덕에 열 명 가까운 학교 임직원이 뜨끈한 온천욕을 하고, 좋은 음식을 먹고, 편안한 잠자리에서 며칠 동안 즐거운 시간을 보냈다. 물이 어찌나 좋던지 누군가는 얼굴이 뽀얘졌고, 누군가는 오래 앓던 지병도 나은 것 같다고 했다. 온천이 좋아서이기만 했겠는가. 진심 어린 마음으로 초청한 자리에서 좋은 시간을 보낸 덕이었을 것이다.

나 역시 마찬가지였다. 도모해야 할 사업에 대한 근심도 접고 계획해야 할 내일의 일도 미룬 채, 뜨거운 온천에 몸을 담그고 그간의 피로를 제대로 풀었다. 모락모락 피어오르는 뜨거운 김 속에서 근심이 풀어지고 마음이 노곤해졌다. 그때 문득 아버지 생각이 났다. 이렇게 마음이 넉넉한 숙부님을 만들어주셨으니 얼마나 감사한 일인가.

그렇게 며칠을 잘 보내고 돌아오는 날이었다. 학교 당국자와 작별 인사를 하기 위해 로비에 머물러 있는데, 우리 사무처장이 게스트룸 카운터에서 뭔가를 계산하고 있는 게 아닌가. 분명 숙부께서는 빈손으로 와서 넉넉히 채우고만 가라 하셨는데 무슨 계산을 하는 건지 궁금했다.

"사무처장님, 계산할 요금이 있나요?"

"네, 이사장님. 저희 직원들이 한국으로 전화 건 국제전화비를 계산했습니다."

그 요금은 갑작스러운 청구가 아니라 처음부터 안내가 된 일이라고 했다. 당시에는 국제전화 요금이 보통 비싼 게 아니었다. 통화를 하면서 줄곧 시계를 들여다봐야만 했고, 작별 인사조차 아깝고 시간 가는 게 무서워 그냥 할 말만 하고 끊어버리기도 했다. 그러니 온천은 공짜로 시켜줘도 그 비싼 전화요금을 받는 건 당연지사다. 그러나 또 한편으로는 '먹여주고, 재워주고, 하나부터 열까지 다 공짜로 해주시고는 우리 숙부님 전화비에 무너지셨네' 하는 생각이 들었다. 그렇다고 내가 서운한 얼굴을 했을 리는 없는데, 나도 모르게 뭔가 어색한 기색이 비쳤던지 숙부님께서 인사를 하시다 말고 말씀하셨다.

"저희가 전화비를 받았습니다."

뭘 또 받았다고 말씀까지 하시나 싶었는데 이어서 하시는 말씀이 뜻밖이었다.

"저희가 원래는 전화도 그냥 쓰게 해드렸습니다. 손님 대접을 그렇게 하는 게 당연한 일이니까요. 문제는 그렇게 하니까 손님들께서 전화를 못 쓰셨습니다. 국제전화 쓰기가 미안해서 꼭 걸어야 할 전화도 못 거시고, 어떤 손님은 일부러 밖에 나가서 공중전화로 거십니다. 그러니 이게 얼마나 큰 불편이겠습니까. 그래서 마음 편히 안에서 쓰시라고 저희가 전화비만큼은 받기로 했습니다. 결례가 아니었길 바랍니다."

결례라니 이보다 더 아름다운 배려가 어디 있겠나. 결례라면 오히려 전화비 받는다고 치사하다고 생각할 뻔한 내 속마음 아닌가. 그동안 나름대로 배려가 무엇인지 잘 안다고 생각해 왔는데 그게 전부가 아니었다.

내가 아는 배려는 그것이 빛을 발하려면 베푸는 사람이

아닌 받는 사람의 입장에서 의미가 있어야 한다는 정도다. 그렇지 않은 배려는 오히려 폐가 될 때도 있고 모욕이 될 때도 있기 때문이다. 하지만 나는 숙부님처럼 따듯하고 실용적인 배려를 베푸는 법은 모르고 있었다. 우리 숙부님은 정말 근사한 어른이셨다.

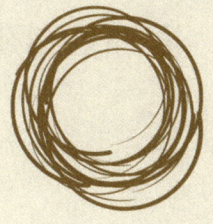

남에게 친절함으로써

그 사람에게 준 유쾌함은

곧 나에게 돌아온다.

그뿐만 아니라 때로는 이자를 가져오기도 한다.

_외국 속담

## ○
# '나의' 문화유산 답사기

유홍준은 오래된 돌담 앞에서
인간의 오만과 세월의 장난을 동시에 읽어내는 드문 관찰자다.

나는 책을 모으기 시작하면서 답사도 많이 다녔다. 한번은 유홍준 교수의 부여 답사팀을 쫓아간 적이 있었다. 백제 고도인 부여에는 볼거리가 많지만, 그중에서도 무량사 기행이 가장 흥미로웠다. 특히나 유홍준 교수의 설명이 꼼꼼하고 재미나서 사찰을 속속들이 알게 되는 재미가 상당했다.

유홍준 교수는 『나의 문화유산 답사기』 부여, 논산, 보령 편에서 무량사에 들어가는 순간을 아래와 같이 썼다.

무량사는 일주문부터 색다르다. 원목을 생긴 그대로 세운 두 기둥이 아주 듬직해 보이면서 지금 우리가 검박한 절집으로 들어가고 있음을 묵언으로 말해준다. 여기에서 천왕문까지의 진입로는 기껏해야 다리 건너 저쪽 편으로 돌아가는 짧은 길이지만 그 운치와 정겨움은 어떤 정원 설계사도 해내지 못할 조선 산사의 매력적인 동선을 연출한다.

글로만 봐도 아름다운 이 길을 입심 좋고 해박한 저자와 함께 직접 걸어 들어가니 얼마나 좋았겠는가. 무량사의 모든 불전이 다 아름답지만, 그중에서도 가장 압권은 선방인 우화궁(雨華宮)에 걸려 있는 시 한 수였다. 유홍준 교수의 말에 의하면 우화는 꽃비다. 불교에서 전하기를 석가모니가 영산회(靈山會)에서 설법할 때 하늘에서 천 년에 한 번 핀다는 만다라꽃이 비 오듯 내리고 천녀(天女)가 주악을 연주하며 공양했다고 한다.

이 아름다운 선방에 걸린 시는 그만큼이나 아름답겠지만, 이게 초서로 쓰인 글이라 보통 사람의 눈으로는 뜻을 헤아리기는커녕 읽어 내리기도 어렵다. 그러니 유홍준 교수가 그 시를 읽고 해석해 주는 것에 귀 기울이지 않을 수 없었다.

하늘은 이불, 땅은 요, 산은 베개
달은 촛불, 구름은 병풍, 바다는 술독
크게 취해 거연히 춤을 추고 싶어지는데
장삼자락이 곤륜산에 걸릴까 걱정이 되네


불심보다는 호연지기가 느껴지는 시다. 그러니 이 시를 지은 이가 누군지 궁금할 수밖에 없었다. 그 자리에 있던 일행들의 심정도 대개 비슷했던지 누군가가 손을 들고 물었다. 그런데 초서를 술술 읽고 그 뜻까지 줄줄 해석하는 유홍준 교수도 그 저자까지는 알지 못하는 모양이었다. 이럴 때는 내가 나서야 하지 않겠나.

"내가 그 시는 잘 몰라도 그 저자는 알겠는데요."

유홍준 교수의 얼굴이 호기심과 함께 환해졌다.

"아니, 유 총재님이 그걸 어떻게 아십니까? 내가 한 수 배워야겠습니다."

"이름까지는 모르겠지만, 노숙자 출신인 건 확실합니다."

"하하하하."

여기저기서 웃음이 터져 나왔다. 하기야 시인의 이름을

모른들 어떠하랴. 그 시심이 전해지고 그 아름다움이 전해지면 그만인 것을. 그뿐인가. 그걸 감동적으로 전해준 유 교수가 거기 있고 함께한 사람들 사이에서 웃음꽃이 피었으니 그것만으로도 충분했다.

유홍준 교수는 나중에 그 시의 저자가 누구인지 기어이 알아냈다. 저자는 인조 시대의 대스님인 진묵대사였다. 진묵대사가 노숙자가 아니라는 것도 알아냈다. 유홍준 교수는 그날의 일화가 기억에 오래 남았던지 책에도 남겼다.

> 답사객들에게 이 시를 번역해 주면 꼭 한 번 더 풀이해 달라고 한다. 유영구 KBO 총재팀과 무량사에 왔을 때도 나는 앙코르를 받아 "하늘은 이불, 땅은 요, 산은 베개……" 하고 첫 번째 구를 낭송하는데, 유영구 총재가 여지없이 유머 넘치는 코멘트 한마디를 던졌다.
> "꼭 노숙자의 노래 같다."

『나의 문화유산 답사기』 제6권 419쪽에 나오는 유홍준 교수의 회상이다. 유 교수와의 '문화유산 답사기'는 그렇게 '나의 답사기'가 되었다.

"자신이 얼마나 무식한가를

깨닫기 위해서는

상당한 지식이 필요하다."

○

# 온정과 한푼의 가치

온정은 마음이 부른 선물이고,
한푼은 지갑이 부른 의무다.

할머니를 생각하면 가장 먼저 떠오르는 모습이 있다. 새벽녘 단정하게 머리를 빗으시던 모습이다. 할머니는 매일 새벽 동트기 전에 누구보다 먼저 일어나 깨끗한 물로 손과 얼굴을 닦고 머리를 곱게 빗으셨다. 그리고 제일 깔끔한 옷으로 갈아입고는 새벽기도를 위해 길을 나섰다.

할머니는 하나님의 부름을 받은 날부터 돌아가시는 그날까지, 평생토록 단 하루도 빠짐없이 새벽기도를 다니셨다. 한번은 환갑이 지나 다리를 다친 적이 있었는데 그때도 새벽기도를 빠지지 않으셨다. 목사님조차 집에서 푹 쉬고 회복하는 데만 신경 쓰시라 했지만 할머니는 다른 사람의 등에 업혀 교회에 나가셨다.

이처럼 할머니의 믿음은 신실하기 그지없었다. 돌아가실 때 그분이 남긴 것은 늘 가방에 넣어 다니던 수저 한 벌뿐이었다. 왜 가방에 수저를 넣고 다니시냐고 여쭤보니 "수저만 있으면 어디에서든 굶지는 않는다"라고 말씀하셨다. 물론 얻어먹을 일이 있을까 봐 그리 하신 것은 아닐 것이다. 오직 그분의 마음가짐이셨다.

그렇게 굶지 않을 만큼만 먹고 쓰며 사시던 할머니는 돌아가시기 얼마 전 평생 모은 돈을 한푼도 남김없이 교회를 짓는 데 쓰셨다. 그 교회는 서울 한복판에 있을 법한 거대한 성전이 아니었다. 할머니는 평생을 부여군 임천에서만 사셨다. 그러니 시골에서 알뜰히 모아봤자 얼마나 큰 재산이 됐겠는가. 당연히 할머니가 지은 교회란 시골 동네의 소박한 교회에 지나지 않았다. 그러나 당신이 일생 동안 해온 모든 기도가 담겼다는 점에서 보자면 그 교회는 세상 그 어느 큰 성전보다도 큰 사랑과 믿음으로 가득 찬 곳이었다.

이렇게 할머니로부터 시작해 아버지로 이어진 그 신앙

의 길을 우리 형제자매들 모두가 물려받았다. 할머니께 받은 신앙생활의 교훈은 하나님께 받은 사랑만큼이나 많다. 그러나 그걸 깨닫기까지는 꽤나 오랜 시간이 걸렸다는 걸 고백하지 않을 수 없다.

어려서는 할머니의 깐깐한 성격을 이해할 수가 없었다. 내가 어릴 때는 가난한 시절인지라 거지도 많았다. 그런 사람들이 밥 동냥을 하러 할머니 집 앞을 기웃거릴 때면 밥도 주고 온정도 주는 사람은 어찌된 일인지 할머니가 아니라 할아버지셨다. 당시 할아버지의 신심이 어느 정도였는지는 몰라도 교회 다니는 걸로만 따지자면 할머니에게 뒤져도 한참 뒤졌다. 어린 내 눈에는 분명히 그랬다. 남의 등에 업혀서라도 새벽기도를 다니시던 할머니와 달리 할아버지는 집 지킬 사람이 없다고 주일예배도 자주 빠지는 분이셨다. 그러니 나일론 신자가 아닌가 의심을 받아도 마땅할 지경이었다.

그런데 어려운 이웃을 돕는 사람은 언제나 그 나일론 신자인 할아버지셨다. 할머니는 밥 동냥을 온 사람한테 밥을 주기 전에 반드시 마당 비질을 시키는 분이었다. 어린 마음에도 그게 너무 야박하다고 여겨졌던지 하루는 할머니한테 여쭤봤다.

"할머니, 그냥 밥을 주시지 왜 꼭 비질을 시키시는 거예요?"

"세상에 공짜 밥은 없는 법이다. 일을 해야 밥이 생긴다는 걸 알게 해야 할 것 아니냐."

그때는 할머니가 하신 말의 의미를 제대로 이해하지 못했다. 그저 내게 할머니는 인정머리 없는 분이셨고, 반면에 할아버지는 너그러운 분이셨다. 다시 말하면 독실한 신자인 할머니는 베풀 줄 모르는 분이고, 그렇지 않은 할아버지는 누구에게나 베푸는 분이었다는 뜻이다.

그렇다면 대체 신앙이란 게 뭐란 말인가. 아무리 예수 사랑을 말해봤자 뭐 한단 말인가. 밥을 대가로 마당 비질이나 시키는 것이 예수님이 말하는 이웃사랑이라면, 신앙이란 게 다 무슨 소용이란 말인가. 밤잠을 못 이룰 정도로 고민한 건 아니었지만 내 마음에 내내 남아 있는 의문이었다. 그래서 질문하고 또 질문할 수밖에 없었는데, 이것이 어쩌면 할머니의 교훈이었을 수도 있겠다는 걸 알게 된 건 내가 나이를 먹을 만큼 먹고 나서의 일이다.

그것은 아마도 누가 옳고 그르냐의 문제가 아니었을 것

이다. 할머니는 온정을 구하는 사람에게 한푼을 아낀 게 아니라 '온정과 한푼의 가치'를 알게 하신 것은 아니었을까. 그리하여 할머니의 야박한 교훈과 할아버지의 넉넉함이 한데 어우러져 온전해진 것은 아니었을까.

할아버지는 말년에 찬송가를 직접 지어서 하루 종일 부르셨다. 나일론 신자였다면 절대 할 수 없는 일이다. 이처럼 신앙의 길은 누구에게나 다르다. 사랑을 베푸는 길 역시 마찬가지일 것이다. 그분에게로 가는 길이, 그분의 이름을 받들어 사는 일이, 그분이 하라시는 대로 사람을 사랑하는 일이 모두 각자의 방식대로 행해진다는 것은 나이가 들면 더 절실한 깨달음으로 다가온다. 세상에 딱 하나 정해진 정답은 없다. 다만 이 우주를 통틀어 찾을 수 있는 유일한 정답은 하나님의 존재뿐이다.

나는 그 길에서 실수도 많이 했고 때로는 넘어지기도 했으나, 결국에는 하나님께로 가는 큰 길에서는 그리 벗어나지 않았다고 믿고 싶다. 이런 생각을 할 때면 문득 할머니 할아버지가 그립다. 할머니처럼 깐깐하면 실수도 덜 하리라. 할아버지처럼 허허실실하면 대신 사랑을 더 하리라. 이 나이가 되어도 자꾸만 할머니와 할아버지가 그리워진다.

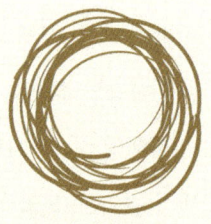

"나는 세상을 이해하려 애쓰며 살아왔다.
그렇다고 살면서 세상을 다 이해한 것도 아니다."


"나는 하나님의 뜻을 이해하려 애쓰며 살아왔다.
그렇다고 하나님의 뜻을 다 이해한 것도 아니다."

○
# 산은 산이요 물은 물이로다

있는 것을 있는 그대로 보는 사람은 철학자다.
그러나 그 위에 의미를 덧칠하는 사람은 예술가다.

2002년 무렵의 일이다. 무악로터리에서 ≪조선일보≫ 최철호 기자를 모신 적이 있다. 북한에서 귀순한 후 북한 전문기자로 활동을 하던 분이기에 당연히 그날의 강연 주제는 '남북관계와 북한의 현실'에 관한 것이었다.

마침 강연이 진행되기 전인 6월 29일 서해교전이 일어났다. 다들 알다시피 서해교전은 연평도 부근 해상에서 일어난 우리 해군과 북한 해군 간의 교전을 말한다. 나중에 '제2연평해전'으로 그 명칭이 변경됐다고 들었다. 이 교전으로 인해 우리나라 해군 장병 여섯 명이 전사하고 스무 명 가까이 부상을 당했다. 북쪽 피해는 더 컸다.

그때는 마침 2002년 월드컵 기간이기도 했다. 그 열기로 말미암아 교전에 대한 충격이 고스란히 전해지지 않았지만, 사실 이 교전은 전쟁에 준하는 사태라 할 만했다. 나는 전쟁을 직접 겪은 세대이기에 전쟁이 얼마나 참혹한 것이며, 그 결과가 얼마나 무서운지도 잘 안다. 전쟁은 그 자체로도 끔찍한 비극이지만 그로 인해 남는 상처는 너무나 가혹하다. 삶의 터전과 가족을 모두 북쪽에 남겨둔 채 홀로 귀순할 수밖에 없었던 최철호 기자의 아픔도 전쟁이 남긴 크나큰 상흔이다.

그날 강의를 듣기 위해 모인 로터리 회원들은 모두 나와 비슷한 연배라서 전쟁과 남북 분쟁에 관한 의견도 비슷했지만, 입장마저 똑같지는 않았다. 로터리 안에도 강경파와 온건파가 있었고 보수와 진보도 있었다. 나는 언제나 그렇듯 가운데였다. 누군가 내게 입장을 물어보면 나는 항상 똑같이 답했다. "좌에서 보면 우고, 우에서 보면 좌입니다." 농담이 아니었다. 세상에는 좌와 우가 필요하듯이 그 가운데도 필요하지 않겠는가. 가운데가 있어야 좌도 있고 우도 있는 법이다.

북한에 대한 생각도 마찬가지였다. 남과 북이 한 가족이라는 사실에는 의문의 여지가 없다. 다만 가족 안에는 패륜아도 있을 수 있고 말썽쟁이도 있을 수 있는 법인데, 그렇다고 가족이 아니라고 나 몰라라 할 수는 없지 않은가. 나로서는 북한의 도발을 가족 내에서 발생한 패륜아의 행패쯤으로 해석하고 싶었다. 다시 말하면 그 행패가 때때로 몹시 심하더라도 무턱대고 내칠 수는 없다는 소리다. 일말의 책임의식이 있어야 하고, 선도의 책임도 있어야 하지 않겠는가. 탕자가 된 동생을 감싸는 큰형처럼 말이다.

서해교전 당시 국내에서는 월드컵이 한창이었고 금강산 관광도 계속되고 있었다. 최철호 기자는 금강산 관광이 갖는 남북 관계의 의미에 대해서도 설명했다. 강연이 끝난 후, 언제나처럼 회장인 내가 인사를 하는 순서가 왔다.

"오늘 강의를 들으면서 유독 성철 스님이 떠올랐습니다."

나는 불교 신자는 아니지만, 그날은 성철 스님이 남기셨다는 말씀이 떠올랐다.

"산은 산이요, 물은 물이로다. 이게 성철 스님 말씀 아닙니까? 그 말씀이 물에서는 아무리 싸워도 산에서는 즐기라는 의미라는 걸 이제야 알았습니다."

남북 분쟁이라는 사뭇 진지한 주제의 강연으로 인해 무거웠던 분위기가 일순간 풀어졌다. 참석자들도 강연 내내 굳어 있던 표정을 풀고 웃음소리를 내기 시작했다.

그렇다. 산은 산이고 물은 물이다. 물론 전쟁이 일어난다면 산이고 물이고 간에 모두 불타버릴 것이기에 전쟁을 피하기 위해서는 무슨 일이든 해야 할 것이다. 전쟁에 대한 두려움으로 일상이 파괴되어서는 안 될 일이며, 무엇보다도 전쟁을 정파 간의 이득을 위해 두려움을 촉발하는 도구로 사용해서도 안 될 것이다.

'산은 산이요, 물은 물이로다.' 이 짧은 문구를 두고 저마다 다른 해석을 내놓고 있다. 나 역시 성철 스님의 이 선어(禪語)가 품은 심오한 뜻을 다 알지 못한다. 그러나 그 말이 세상이 돌아가는 이치에 대한 이해이며, 마음을 다스리는 지혜에 관한 가르침이라는 것은 짐작할 수 있다. 산은 산으로 온전하고 물은 물로 온전하듯, 우리도 저마다 존재 그대로를 존중하며 살아나가야 할 것이다. 그리하면 다툼도 적어지고 서로를 배척하는 대신 눈이라도 한 번 더 맞추려 하지 않을까?

"남북 회담은 통역이 필요 없다.
한때는 서투른 영어, 불어, 독어 회담보다
남북의 대화가 더 힘들고 신경 쓰였다는
어느 대표의 고백이 우리를 슬프게 한다."

○
# 사후약방문이라도 하는 게 낫다

인간은 늦게 현명해지고,
후회는 화려하게 조롱한다.


　1983년, 전국 중고등학생의 교복 자율화 조치가 실시되었다. 일제시대의 잔재인 교복을 폐지하고 각 학교가 자율적으로 학생들의 복장을 채택할 수 있게 된 것인데, 매우 늦었지만 반가운 조치였다. 나 역시 시커먼 교복을 입고 등교하는 아이들을 보고 있노라면, 학교에 오는 풍경이라기보다 제국주의 집체훈련을 하러 오는 것처럼 보일 때가 있었다. 구시대 잔재에 파묻힌 아이들이 마냥 자유로워야 할 자신의 개성을 잃고 사는 것 같아 내심 안타까웠다.

　아이들도 시커먼 교복을 입고 자로 잰 듯 깎은 머리로 학교에 다니면서 얼마나 답답했겠나. 그러다 보니 궁여지

책으로 여학생은 단 1센티미터라도 치마 길이를 줄이려 애썼고, 남학생은 바지통을 넓히면서 기를 쓰고 머리를 기르기도 했다. 물론 그런 학생들에게는 '불량 학생'이라는 낙인이 찍혔다. 그러니 교복 자율화란 얼마나 반가운 조치였겠나.

그런데도 당장 그 조치를 따를 수 없는 사정이 있었다. 지극히 현실적인 문제가 발목을 잡았다. 교복을 폐지하면 학교에 입고 올 옷이 마땅치 않은 아이들은 난감할 수밖에 없다. 나로서는 그 아이들을 생각하지 않을 수 없었다. 경제적으로 넉넉한 집안의 아이들은 사복으로 자신의 개성을 맘껏 드러내겠지만, 그렇게 할 수 없는 아이들은 차라리 교복을 입는 게 더 나을 수도 있다.

그 또래 아이들은 복장의 개성뿐 아니라 옷의 브랜드에도 민감한 나이다. 그러니 브랜드 옷은 고사하고 여러 벌의 옷조차 없는 아이들의 참담한 마음도 헤아려야만 했다. 일제의 잔재인 데다가 무개성하고 심지어 암담하기까지 했던 구시대의 교복이 학생들의 개성을 가렸지만, 경제적 차이를 가려준 것도 사실이다. 그러니 교복이 폐지되면 어떤 아이들은 원하는 옷을 입게 되겠지만, 어떤 아이들은 그나마 유일하게 맘 편히 입을 수 있던 옷마저 벗어야 할 상황이었다.

당시 명지중고등학교의 사정은 더 좋지 않았다. 지금은 그렇지 않지만 당시만 해도 아이들이 사는 지역에 따라 부촌과 빈촌의 차이가 극명했다. 명지중고의 위치가 연희동과 은평, 수색의 중간쯤으로 부촌과 빈촌의 한가운데 있었기 때문이다. 만약 교복 폐지로 사복을 입는다면 감수성이 예민한 또래 아이들에게는 결코 반갑기만 한 정책은 아니었다. 그래서 우리는 교복을 그대로 입히기로 결정했다. 교복 자율화를 실행하기 전에 학교에서 먼저 이 문제를 논의했고, 다행히 학교에 하달된 조치가 교복 폐지가 아니라 '자율화'였기 때문에 우리는 '자율적으로 교복을 유지하는 쪽'으로 결정을 내렸다. 물론 자유는 중요하고 필요하지만 누군가의 상처를 담보해서는 안 될 일이다. 그 누군가가 단 한 사람이라고 할지라도 말이다.

이사장인 내가 시교육위원회를 찾아가 학교의 결정사항을 알려야 했다. 나라에서 굳이 풀어주는 조치에 따르지 않겠다고 하는 것도 쉬운 일은 아니기에 우리로서도 어려운 결정이었다. 그렇더라도 그게 불가능한 일일 거라고는 생각하지 않았는데, 시교육위원회의 답변은 '불가'였다. '자율화'하라고 했으니 '폐지'하는 게 원칙이라는 것이었다. 도대체 무슨 이런 원칙이 있단 말인가. 나는 묻지 않을 수 없었다.

"아니, 무슨 그런 말씀이 있습니까? 자율은 그야말로 자율이 아닙니까? 자율의 뜻이 폐지라는 해석은 어떻게 나온 것인가요? 그렇게 따지면 통행금지가 해지되었으니 밤 12시가 넘으면 반드시 돌아다녀야 한다는 겁니까?"

"지금 그 얘기가 여기서 왜 나옵니까?"

통행금지는 교복 자율화 조치가 실시되기 한 해 전인 1982년에 해제되었다. 그전에는 밤 12시만 되면 통행증 없는 사람이 거리를 통행하는 것이 불법이었다. 그런데 통행금지가 해제되었다고 해서 밤 12시만 되면 전 국민이 모두 나와 돌아다녀야 한단 말인가? 교복 자율화 조치가 무조건 교복을 입지 말라는 것이라면 그와 다를 바가 없는 것 아닌가? 시위원회 담당자는 내 말에 당황했고, 심지어는 위엄을 잃은 채 웃어버리기까지 했다. 그렇다고 해서 교복을 계속 입겠다는 우리의 결정이 받아들여진 것은 아니었다.

결국 전교생이 사복을 입고 등교하게 되었다. 전날 밤부터 근심이 컸던지라 그날은 특별히 학교 앞에 나가보았다. 여학교는 마치 꽃밭 같았다. 아이들이 꽃처럼 활짝 핀 얼굴로 등교하고 있었다. 제 나이에 걸맞은 재기발랄함을 입은 아이들은 그 어느 때보다 신나 보였다.

그러나 나의 시선은 이내 다른 아이들에게로 향했다. 깔깔거리며 등교하는 아이들 사이에서 유독 고개를 숙인 채 묵묵히 등교하는 아이들은 괜히 옷자락을 만지작거리며 어깨를 제대로 펴지 못했다. 피지 못한 채 봉우리를 닫아버린 것 같은 아이들의 모습에 마음이 아팠다. 저 아이들을 어떻게 웃게 만들 수 있을까. 그날 아침의 기억은 내내 내 가슴에 남았다.

그로부터 3년 뒤, 교복이 부활되었다. 그때도 '자율화'라 했다. 모두가 자율화라는 말을 알아듣고 일제히 교복을 부활시킨 것은 아니지만, 사복 체제의 불편함을 겪은 학교들은 일제히 교복 착용 쪽으로 돌아섰다. 물론 예전 같은 몰개성한 교복이 아니었다. 모든 학교가 저마다의 개성을 살려서 아이들에게 생기를 불어넣어 줄 교복을 제작했다.

먼 길을 돌아와 결국 제자리를 찾은 것이다. 그나마 다행이라는 생각이 들면서도 만시지탄(晚時之歎)이라는 생각을 떨칠 수는 없었다. 어쩌면 우리 인간은 타고나기를 겪어봐야만 비로소 깨달음을 얻을 수 있는 그런 존재인지도 모르겠다. 그렇다 하더라도 뒤늦은 깨달음을 얻기 위한 노력을 포기해서는 안 될 것이다. 교복 자율화 방안도 그런 시행착오를 거쳤기에 수정될 수 있었다.

현실적인 문제를 외면하고 원칙만 고수하면 그 원칙은 무용한 것이 되고 만다. 그러므로 일이 벌어진 다음에라도 문제점이 발견되면 반드시 재논의하고 해결안을 찾아야 한다. 사회 구성원 대다수가 받아들이지 못하고 오랫동안 지켜지지 못할 원칙이라면 효력을 발휘하기 어렵고 혼란만 가중시킬 뿐이다.

무엇보다 원칙은 충분한 토론과 토의를 거친 다음 밀어붙여야 한다. 밀어붙인 후에 논의하려 한다면 그것은 '사후약방문(死後藥方文)'의 과정을 거칠 수밖에 없다. 그런데 지금 우리 사회에서는 사후약방문조차 제대로 이루어지지 못하고 있는 듯해서 안타까울 따름이다.

"원칙은 몸을 조이는 옷이다.

움직일 때마다 불편하게 만든다."

## 교회는 거울이다

> 기도는 하나님께 이야기를 하는 것이고,
> 명상은 하나님의 이야기를 듣는 것이다.

30대 때 내가 다닌 교회는 동부이촌동에 있는 한강교회였다. 집 근처 교회였는데 당시 동부이촌동은 강남이 개발되기 전이라서 세련된 부촌의 상징이었다. 그러나 내가 다닌 교회는 소박했고 거창한 성전도 없었다. 교회가 사람들을 끌어당기는 힘은 말씀과 공회에 있다. 그러므로 말씀은 그 말씀을 전하는 사람에 따라, 공회는 그 공회를 이끄는 사람에 따라 울림의 폭과 크기가 달라지기 마련이다.

내가 한강교회에 다닐 때 담임 목사님은 정운상 목사님이셨다. 이 목사님이 전하시는 말씀이 유독 젊은 내 마음을 끌어당겼다. 설교 말씀이 가르치는 설교가 아니라 그야말로 전해주는 말씀 같으셨다. 바로 곁에서 얘기하듯, 손을 잡고 얘기하듯, 다정하고 친근하고 가까웠다. 목사님의 차림은 또 얼마나 근사했는지 젊은 내 눈에는 그 모든 것이 멋져보였다.

당연히 교회는 빠르게 성장해 나갔고, 더 많은 교인을 위해 새 성전을 지어야 할 상황이 되었다. 그 무렵 누구보다 교회를 즐겁게 다니던 나는 어느새 '교회 건축위원' 자리 하나를 맡고 있었다. 젊은 나이인 만큼 포부도 꿈도 컸다. 그러나 교회에 대한 꿈과 포부가 성전의 크기에 대한 욕심이어서는 안 될 일이다. 무엇보다도 새 성전을 짓는 일이 다른 사람에게 상처를 입혀서는 안 될 일이었다.

하지만 서빙고동이 허허벌판이 아니었으니 새 성전도 빈 땅에 지을 수는 없었다. 그래서 700평이나 되는 철도부지를 매입했는데, 그 부지 위에는 무허가로 난립해 있는 불법 건물들이 있었다. 당연히 그곳에는 사람들이 살고 있었다. 그들에게는 건물이 무허가든 불법이든 간에 더할 나위 없이 소중한 일터이자 삶의 터전이었을 것이다. 그분들의 마음을 다치지 않게 하는 것이 무엇보다도 중요한 일이었다. 이전 비용을 넉넉히 책정하고, 이사 문제도 같이 고민하려고 노력했다.

다행히 일이 순조롭게 풀리는 듯했다. 하지만 시련 없이 이루어지는 일은 없는 법. 딱 한 군데에서 더 이상 일이 진척되지 않았다. 성전 신축 부지에 작은 개척 교회가 하나 있었는데, 이 교회의 이주 문제가 쉽게 풀리지 않았던 것이다. 우리의 성전을 짓기 위해 남의 성전을 함부로 옮기라고 채근하거나 팔라고 종용할 수는 없는 일이어서 그 지난한 논의 과정 동안 교회 이주 문제가 자주 기도 제목이 되었다.

"자, 그러면 우리가 기도합시다."

그날도 그 교회 문제를 논의하다가 목사님께서 두 손을 모으셨다. 다 뜻대로 이루어질 터이니 우리는 열심히 기도하자는 목사님의 말씀이 틀릴 리 없다. 그래서 모두가 한마음으로 손을 모으고 있었다. 그 순간, 나는 말하지 않을 수 없었다.

"이건 기도하면 안 될 것 같은데요."

세상에나 교회에서 기도를 하면 안 되겠다니. 그 자리에 있던 위원들의 눈이 커진 것은 물론이거니와 목사님마저 그다음 말을 잊으셨다.

"우리가 그 교회 이사 가게 해달라고 기도하는 동안 그 교회에서는 그냥 있게 해달라고 기도할 것 같은데요?"

잠시 혼란스러워 하는 목사님의 표정을 본 위원들은 새어나오는 웃음을 참느라 애쓰고 있었다.

"그러면 하나님이 어느 쪽 기도를 들어주셔야 할지 복잡하지 않으시겠어요?"

마침내 여기저기서 웃음이 터져 나왔다. 내가 농담을 하고 있다는 걸 모르는 사람은 없었을 것이다. 그리고 순간 분위기가 달라졌다. 그동안은 간절하게 기도했다면 그때부터는 다정하게 의논하는 방향으로 달라진 것이다.

그날 우리는 '제발 그 교회가 이사 가게 해달라'고 통성 기도를 하는 대신, 더 좋은 자리로 이전할 수 있도록 넉넉한 자금을 보조하기로 의견을 맞췄다. 비록 그 교회가 우리 교회 산하는 아니지만, 하나님 말씀을 전하는 의미에서는 똑같은 교회였다. 우리 교회에서 개척교회를 하나 내는 마음으로 그 교회를 지원하자는 결정이 내려졌고, 결국 그 교회는 무허가 건물을 벗어나 번듯한 상가로 이전할 수 있었다. 하나님께서 기도가 아니라 농담에 응답하시던 순간이었다.

그 무렵 나의 교회 생활은 즐거웠다. 새 성전을 짓고 교인 수가 늘어나는 걸 보면서, 세련된 목사님이 해주시는 좋은 말씀을 주일마다 들었으니 얼마나 좋았겠는가. 그럼에도 불구하고 모든 일이 다 만족스러울 수는 없었다. 나는 당시 30대였고, 젊은 나이인 만큼 보수적인 교회의 흠결들이 거슬리곤 했다. 거슬리기만 한 게 아니라 때로는 그로 인해 마음을 다치기도 했다. 젊은 나이였던 만큼 그런 문제들이 보일 때마다 오래 숙고하는 대신 곧바로 문제 제기를 하는 일이 많았기 때문이다. 나중에는 교회에만 나가면 문제가 보일 지경이어서 교회에 기도하러 가는 게 아니라 문제를 찾으러 가는 건가 하는 생각이 들 정도였다.

그때 목사님이 내게 해주신 말씀은 지금껏 잊을 수 없다.
"교회는 거울이야."
"네? 무슨 말씀이신지……."
"거울은 자기를 들여다보라고 있는 건데, 자네는 창문을 통해 교회 안만 들여다보고 있잖아."

나는 여전히 알듯 모를 듯한 애매모호한 표정으로 목사님을 바라보았다.

"창문 밖에 서서 안을 들여다보느라 정작 똑바로 봐야 할 자기 자신은 못 본다는 말이지."

그래, 그랬구나. 거울부터 보지 않았으니 내 모습은 어떤지도 모른 채 남의 집 창문 안의 풍경만 들여다보며 마뜩찮아 하고 있었던 것이다. 목사님의 그 말씀은 아직도 내 마음에 남아 있다.

그리고 이 나이쯤에 이르러 비로소 교회라는 거울을 통해 내 삶이 얼마나 단정한지 요모조모 들여다볼 수 있게 되었다. 거울을 보며 머리를 빗고 옷매무새를 가다듬듯 나를 꼼꼼히 점검하게 만드는 거울이 바로 교회다. 그런데 이제야 거울로 자신을 돌아보며 단정히 머리를 빗으려 했더니 어느덧 머리숱이 사라지고 없다. 나실인인 삼손의 후예였는지 기운도 함께 빠져버렸다.

4장

야구와 나

# 나는 야구에
# 인생을 물었다

○

# 꼴찌 팀에게 보내는 갈채

야구가 단순한 게임에 불과하다고 말한다면, 또 그게 사실이라면
그랜드캐니언도 애리조나에 있는 커다란 구멍에 지나지 않는다.

야구와 나의 인연은 꽤나 길다. 내 나이쯤 되는 사람이면 대개 그러할 것이다. 고교야구 결승전이 열리면 온 나라가 들썩들썩했는데 요즘의 월드컵축구 열기는 저리 가라 할 정도였다. 축제가 드물던 시절에 매년 열리던 고교야구 대회가 주는 기쁨은 대단했다. 텔레비전에서 생중계되었지만 워낙 텔레비전 보급률이 낮아서 주로 라디오 중계로 경기를 접했다. 너도 나도 손바닥만 한 트랜지스터라디오에 하얀 줄로 이어진 이어폰을 귀에 꽂은 채 중계방송을 듣곤 했다.

그 무렵 약수동에 살고 있던 나는 툭하면 야구 경기가

열리는 서울운동장으로 달려갔다.

야구를 좋아하기 시작한 것은 이미 중학교 때부터였다. 집이 약수동이었던 덕이 컸다. 장충체육관이며 서울운동장이 바로 코앞이라 맘만 먹으면 무슨 경기든 보러 갈 수 있었다. 한창 혈기 왕성한 나이에 요즘처럼 즐길거리가 많지 않던 시절이었으니 야구는 유일한 놀이이자 탈출구였다.

그렇게 야구팬으로서의 세월이 근 반평생 이어질 무렵의 일이다. 하루는 LG그룹 구본무 회장이 나와 대화를 나누던 도중에 야구 이야기를 꺼내셨다. '갑자기 야구에 관심이 생기셨나?' 의아하기는 했지만 어쨌든 묻는 말에 성실히 대답했다. 나는 모르고 있었지만 그 무렵 구본무 회장은 야구 구단을 인수할 생각을 하고 있었다.

나는 야구팬으로 치자면 골수팬이고, 야구 지식으로 따지면 웬만한 해설자 못지않다고 자부했다.

"당신, 야구 박사네."

회장님은 감탄하셨다. 가까운 사람이 친근하게 설명해 주는 말보다 더 재미난 해설이 어디 있겠는가. 그로부터 며칠 후 우리는 다시 만났다.

"이번에 우리가 야구 구단을 하나 인수할 작정이야. 당신이 고문을 맡아주었으면 좋겠어."

"네? 제가요?"

겸양을 보이며 한 번쯤은 마다해 볼 수도 있었겠지만, 나는 그러지 않았다. 야구 세계에 좀 더 가까이 다가갈 수 있게 되었다는 생각에 신나는 마음뿐이었다. 단순한 팬이 아니라 야구인으로서의 새로운 인생이 시작된다고 생각하니 너무나 설렜다. 그렇게 나의 '준야구인' 인생은 1990년 LG트윈스의 창단 고문을 맡으면서 시작되었다.

LG트윈스에 대한 나의 열정은 대단했다. 하지만 아쉽게도 팀은 기대에 못 미치는 성적을 내고 있었다. 팀 쇄신의 목소리가 높아지면서 2006년에는 김재박 감독을 영입했다. 당시 김 감독은 지도자의 길을 걸은 후에도 '그라운드의 여우'라고 불리던 선수 시절의 화려한 명성을 그대로 이어나가고 있었다. 1996년 현대유니콘스 감독이 된 후 네 번이나 한국시리즈 우승이라는 영예를 안았으니 선수 시절에서 지도자 시절까지 김재박 감독만큼 스포트라이트를 받은 이도 드물었다. 무엇보다 LG트윈스의 새 사령탑을 맡으면서 김 감독이 보인 포부가 대단했다.

그 무렵 LG트윈스는 온갖 악재에 시달렸던 터라 김재박 감독의 취임 소식은 그냥 좋은 소식 정도가 아니라 마치 구세주가 온다는 소식처럼 들렸다. 시즌이 시작되기도 전부터 팬들의 기대와 환호가 대단했다.

그런데 기쁨도 잠시, 김재박 감독의 부임 이후 팀이 최고의 기량을 발휘하기는커녕 성적도 시원찮았고 급기야 끝없이 추락했다. 그야말로 망연자실의 상태였다. 시즌이 시작되기도 전부터 환호했던 팬들은 실망을 지나 분노의 단계마저 넘어서고는 아예 포기하는 듯했다. 그 시즌을 꼴찌로 끝내게 되었을 때는 다들 넋을 잃은 듯했다.

당시 구본무 회장의 실망도 이만저만이 아니었다. 그러나 실망하고 분노하고 환호하는 것으로 자신의 몫을 충분히 하는 팬들과 달리 구단의 회장은 대책을 세워야 했다. 하루는 구본무 회장이 나를 불렀다.

"유 고문, 어찌 해야 할까요? 선수들을 다그쳐 정신을 차리게 해야 할까요, 아니면 그렇잖아도 기죽어 있는 선수들을 다독어 기운을 내게 해야 할까요?"

나로서도 딱히 묘안이 없었다. 이럴 때 모두가 힘을 합쳐 다음 시즌을 도모하는 것 이외에 무슨 수가 있겠는가. 그래서 나는 이런 제안을 했다.

"일단 감독과 선수들을 모두 불러서 식사를 한번 하는 게 어떨까요? 밥 사주는 게 뭐 대단히 특별한 일은 아니니 회장님 댁에 초대해서 함께 식사를 하면 좋겠습니다. 선수들에게는 아주 각별한 기억으로 남을 겁니다. 혼도 나고 격려도 받는 자리가 될 테니까요."

말을 하고 보니 나름 묘안이다 싶었다. 구본무 회장도 좋다 하시며 내 제안을 받아들였다. 그리하여 호텔 식당이 아닌 회장님의 자택에서 떡 벌어지는 한 상이 차려졌다. 코칭스태프와 선수들이 받을 격려와 그들의 반응을 생각하니 나 역시 흐뭇했다.

그런데 이게 웬일인가. 회장님 댁으로 들어서는 선수들의 얼굴을 보니 반에서 꼴찌 한 아이가 교무실에 불려 와서는 선생님으로부터 받을 꾸중을 걱정하며 자포자기한 얼굴들이었다. 식탁에 앉아서도 재미난 소리를 하는 사람이 아무도 없었고, 밥 먹는 소리조차 시무룩하게 들릴 지경이었다. 어지간해서는 그 가라앉은 분위기를 살릴 수 없을 것 같았다. 이 자리를 제안한 내가 나서지 않을 수 없었다.

"선수와 코칭스태프들이 모두 이번 시즌 결과 때문에 송구한 모양입니다. 누구든 책임을 지긴 해야겠지요."

그 순간 감독과 선수들 모두 일제히 젓가락질을 멈추고 얼어붙었다. '드디어 올 것이 왔구나' 하는 표정으로 좌불안석인 게 역력했다.

"이번 시즌은 어차피 이렇게 되었으니 깔끔하게 잊읍시다. 대신 다음 시즌에 더 나쁜 결과가 나온다면 제가 책임지고 고문직을 사퇴하겠습니다."

내 말이 너무 비장했던지 선수들은 고개를 숙였다. 그 와중에 구본무 회장이 버럭 언성을 높이셨다.

"아니, 왜 고문이 사퇴를 해?"

노기탱천(怒氣撑天)한다는 말은 이럴 때 쓰는 말일 것이다. 회장님의 노여움이 이만저만이 아니었지만 한 번 더 말하지 않을 수 없었다. 남아일언 중천금 아닌가.

"더 나쁜 결과가 나온다면 반드시 그렇게 하겠습니다."

"아니, 그러니까 왜……."

구본무 회장의 노기 서린 말이 중간에서 툭 끊겼다. 그제야 눈치 채신 것이다. 선수들도 마찬가지였다. 꼴찌를 했으니 더 나쁜 결과 같은 건 없을 것이고, 바닥을 쳤으니 이제 올라갈 일만 남았다는 의미라는 걸 알게 되었다.

"이런 싱거운 사람 같으니. 고문 자리가 그렇게 좋은가. 어떻게 해도 안 잘리겠다는 거 아냐! 우리가 유 고문을 위해서라도 다음 시즌에는 최소한 꼴찌는 면해야겠어."

꼴찌라는 금기어가 봉인 해제되는 순간이었다. 회장님의 입에서 그 말이 나오니 오히려 벌 받는 기분도 사라졌다. 좌중에서 참았던 웃음이 터져 나왔다. 그리고 드디어 음식의 맛도 돌아왔다. 도살장에 끌려온 듯 간신히 먹는 시늉만 하던 선수들도 비로소 왕성한 식욕을 보이기 시작했고, 그 모습을 보고 있던 회장님의 얼굴에도 흐뭇한 미소가 번져나갔다.

LG트윈스 말고도 내가 관여한 야구팀 중에 꼴찌를 면하지 못하는 팀이 하나 더 있었다. 바로 문인 야구단 '구인회'다. 2008년 10월에 창단한 팀으로, 박범신 교수가 구단주였고 소설가 은희경이 매니저를 담당할 정도로 문인들 사이에서는 정통 야구단이다. 나는 문인들의 야구 사랑에 감동해서 야구 장비 일체를 지원해 주면서 응원했다.

그런데 구인회는 화려한 구성원들의 면면과 뜨거운 야구 사랑에도 불구하고 실력은 영 신통치 않았다. 창단 이후 겨우 세 번밖에 승리를 거두지 못했으며 연패 행진을 이어나가고 있었다. 어느 날 박범신 교수가 나를 찾아와서 하소연했다.

"이사장님 후원까지 받고 있는데 1승도 못 올리고……. 송구합니다."

"허허, 내가 무슨 도움을 준 게 있다고 그러시나."

"저희 구인회가 1승을 올릴 묘책이 없을까요?"

나라고 무슨 신통한 대책이 있었겠는가. 그저 웃고만 있었는데 문득 묘안은 하나 떠올랐다.

"야구인들 중에 글 좀 쓰는 사람을 등단시켜서 구인회에 입단시키는 건 어떻소?"

"네? 하하하하."

박 교수는 한동안 웃음을 멈추지 못했다. 그날 이후 구인회가 드디어 대망의 1승을 거두었다는 감격스러운 소식을 전해왔다. 포기를 모르는 꼴찌 팀의 1승이라니. 만일 내가 그 자리에 있었더라면 기립박수를 보냈을 터다.

○
# 천국과 지옥

*심판이란 규칙을 말하는 사람이자*
*인간의 불평을 작곡하는 음악가다.*

KBO 총재 시절, 내가 신년회 때마다 즐겨하던 이야기가 있다. 바로 천국과 지옥에 관한 우스갯소리다. 하루는 지옥에 있는 히틀러와 천국에 있는 베드로가 말씨름을 하고 있었다. 천국과 지옥을 가르는 담장이 너무 오래되어 무너질 지경이라 새로 쌓아야 했는데, 그걸 어느 쪽에서 할지를 두고 다투는 중이었다.

"지옥에 온 인간들이 벌 받느라 얼마나 바쁜데 담 쌓을 시간이 어디 있나? 그런 일은 천국에 온 좋은 분들이나 하시든가."

히틀러가 발끈하며 비아냥댔다.

"천국 온 분들이 설마 담 쌓으러 천국에 오셨겠나? 천국에 온 보람도 없이……."

베드로가 더 발끈하며 대거리했다. 좀처럼 쉽게 결론이 나지 않자 베드로는 법정에 가서 판결을 받자고 제안했다.

"아니, 변호사가 여기 다 와 있는데 누구를 데리고 소송을 하겠다는 거야?"

히틀러가 혼잣말로 중얼거리자 귀 밝은 베드로는 법에 호소하기를 포기하고 담을 새로 쌓았다.

하루는 히틀러와 베드로가 야구 시합에 관해서도 말씨름을 했다. 천국과 지옥 간 야구 시합을 하면 어느 쪽이 이기겠냐는 것이었는데, 베드로가 득의만면하여 말했다.

"뻔한 걸 왜 물어봐. 선수들이 지금 어디에 있을지 생각해 보게나. 운동만 하느라 죄지을 시간도 없던 선수들이 설마 지옥에 갔겠나? 천국에 선수들로 가득 찼는데, 니들이 무슨 수로 우릴 이길 수 있겠느냐?"

베드로가 자신만만해하자 히틀러가 코웃음을 치며 응대했다.

"지옥엔 누가 있는지 아시오? 심판이란 심판은 다 여기에 있소."

이야기가 이쯤에 이르면 심판과 선수들의 반응은 극과 극으로 갈린다. 환호하는 선수들에 반해 심판들은 원성을 터뜨린다.

"신년부터 왜 그러십니까. 총재님."

심판 중에 누군가가 기어코 이렇게 말하면, 내가 하는 대답도 늘 마찬가지다.

"그러니까 지옥 안 가게 올해는 더 잘하십시오."

선수들이 환호하는 소리에 심판들의 원성이 묻히고 만다. 물론 다 웃자고 하는 소리다. 심판들도 그걸 모르지 않으니 볼멘소리를 하면서도 얼굴은 웃고 있다.

야구 경기는 때때로 천국과 지옥을 오간다. 다만 이겼다고 해서 천국인 것도, 졌다고 해서 지옥인 것도 아니다. 선수라면 게임을 이겨도 어떨 때는 마음속이 지옥 같을 때가 있고, 심판이라면 칭찬받은 판정을 내려도 때로는 마음에 걸리기도 한다. 그래서 선수는 심판을 믿고 심판은 선수를 믿을 때 좋은 경기가 나오고, 그래야만 승패와 상관없이 관중의 지지를 받을 수 있다.

그러므로 나의 덕담은 실상 선수와 심판을 편 가르기 하려는 것이 아니라, 서로를 믿고 의지하여 좋은 경기를 만들자는 뜻을 담고 있었다. 그리고 나 역시 그들을 믿었기에 할 수 있는 말이었다.

심판의 본래 말뜻은 '정의 구현'이다. 최고의 심판자는 '신'이고, 사회에서는 '재판관'이, 스포츠 게임에서는 '심판'이 그 역할을 담당하고 있다. 그러므로 스포츠 게임의 공정성과 정의 구현을 담당하는 심판은 그 위상과 역할에 걸맞은 대접을 받아야 한다. 그러나 선수나 팬들은 심판을 대접하는 시늉만 할 뿐, 존중하는 마음은 부족한 것 같아 못내 아쉽다.

야구 경기에는 다양한 주역이 맹활약한다. 감독은 적재적소에 선수를 배치하고 전술을 담은 사인을 보내고 때로는 심판에게 어필한다. 투수는 마운드에서 혼신을 다해 투구하고, 타자는 번개 같은 스윙으로 투수의 공을 맞받아친다. 하지만 이들만으로 경기가 이루어지지는 않는다. 반드시 심판이 있어야 한다.

특히 주심의 역할은 크다. 그들은 선수를 압도하는 우람한 체구로 투수의 일구(一球), 일투(一投)를 판정하는 전능한 심판자다. 그뿐 아니다. 볼과 스트라이크를 판정하는 멋진 콜과 제스처는 황홀한 볼거리다. 한여름 무더위 속에서 중무장한 채 평균 3시간 이상 더위와 싸우는 그들의 인고 또한 박수를 받을 만하다. 경기 내내 생리현상도 참아가며 선수들의 일거수일투족을 꿰뚫어봐야 한다. 얼마나 힘든 일인가!

그러나 그 인고에 비해 영광은 적다. 흔히들 '상처투성이의 영광'이라 하지만 심판은 다만 상처투성이일 뿐 영광은 없다. 파울볼에 의한 잦은 부상으로 어깨, 가슴, 발이 성할 날이 없고 감독과 선수들의 지나친 항의와 다혈질 열성 팬들의 못된 짓으로 마음 편한 날이 없다. 심판들은 그리스 로마 신화의 신 가운데 지구를 떠받드는 아틀라스처럼 혼신을 다해 프로야구를 떠받들고 있다. 마치 자신을 불태우며 온 누리를 밝히는 촛불처럼, 혹은 소금처럼 정말 귀하고 소중하다.

심판의 절대적 권위는 공정한 판정을 바탕으로 한다. 반면에 오심은 심판의 천적이다. 심판의 권위가 절대적으로 보장되는 이상 오심은 치명적인 실수가 된다. 마치 재판관의 오판이 개개인의 법익 차원을 넘어 사회 존립을 흔들어놓는 것처럼 심판의 오심도 마찬가지다. 그렇다면 오심은 어디에서 오는가? 고의적인 오심과 실수 그리고 4인심 제도 등을 들 수 있다. 이 중 도덕적으로 가장 문제가 되는 것은 고의적인 오심이다. 오늘날 봐주기 판정을 하는 비뚤어진 직업윤리를 가진 심판은 단 한 사람도 없을 것이다. 한두 번의 부정행위는 심판 자신은 물론이거니와 프로야구 산업 전체를 위협하는 행위이기 때문이다.

내가 KBO 총재가 된 후 가장 먼저 심판들에게 밥을 먹자고 연락한 이유이기도 하다. 심판이 바로 서야 대한민국 프로야구도 바로 설 수 있다. 경기를 하다 보면 어떤 날은 진수성찬을 차려놓은 듯 선수들이 화려한 기량을 뽐내며 박빙의 승부를 이어가면서 관중들을 열광케 한다. 반면에 시시하게 승패가 결정되는 날도 있는데 그렇다고 해서 관중들이 등을 돌리지는 않는다.

하지만 심판의 고의적인 오심이 경기의 승패를 가르는 사태가 반복되면, 국민들의 뜨거운 사랑은 싸늘하게 식을 것이며 프로야구 전반에 치명적인 악영향을 미칠 것이다. 프로야구는 결국 팬들에 대한 서비스로 운영된다. 야구선수들이 아무리 잘해도 팬들이 떠나면 소용이 없다. 그리고 팬들이 떠나는 이유 중 하나에는 판정의 문제가 항상 있었다. 잘못된 판정과 석연치 않은 판정에서부터 받아들이고 싶지 않은 판정까지 문제가 되는 판정은 다양하다. 9회 말 투아웃 만루 상황에서 심판이 잡는 스트라이크와 볼 사이의 판정은 경기의 승패를 가르고, 시즌의 승리를 가르고, 팬들의 마음도 가른다. 그러므로 그라운드에는 좋은 선수뿐만 아니라 좋은 심판도 있어야 했다. 내가 심판학교를 세운 이유였다.

대만의 사례만 봐도 심판의 역할이 얼마나 중대한지 잘 알 수 있다. 대만은 우리나라보다 야구가 발전한 나라다. 1990년 4개 팀으로 출범한 대만의 프로야구는 5년 만에 관중 수가 폭발적으로 증가하면서 프로야구팀도 8개 팀으로 늘어났다. 하지만 1996년부터 승부조작 스캔들이 여섯 차례나 이어지고 심지어 폭력조직과도 연루되면서 구단이 잇따라 해체되었다. 급기야 프로야구팀은 4개 팀으로 줄고 관중도 급감하면서 대만 야구계는 절체절명의 위기를 맞았다.

미국에서도 일명 '블랙삭스 스캔들'로 불리는 메이저리그 최악의 승부조작 사건이 있었다. 1919년 메이저리그 월드시리즈에서 벌어진 최악의 흑역사인데 이 사건으로 8명의 선수가 영구 제명되었다. 이처럼 승부조작은 프로 스포츠의 근간을 흔들고 선수들의 피땀 어린 노력을 물거품으로 만들 뿐 아니라 팬들이 경기장에서 떠나게 만든다. 팬들이 없는 스포츠는 아무 의미가 없지 않겠나. 그만큼 공정한 심판과 스포츠맨십은 중요하다.

미국의 '심판 만들기'는 매우 엄격하다. 메이저리그의 심판이 되려면 우선 심판학교를 졸업해야 한다. 그다음 프로야구 심판이 되려면 마이너리그에서 몇 해 근무하면서 경험과 기량을 닦은 후 치열한 경쟁을 거쳐야 한다. 그래야 대망의 메이저리그로 올라갈 수 있다. 선수보다 심판의 경쟁이 심하다고 할 정도인데 그 이유는 은퇴하는 심판이 적어 좀처럼 빈자리가 생기지 않기 때문이다.

이들은 마이너리그에서부터 2인심제와 3인심제 심판을 경험하면서 기량을 쌓아나가기 때문에 판정에 대한 자신감이 확실하다. 확고한 직업윤리, 우수한 기량, 축적된 경험 덕분에 그들은 오심 시비가 적다. 그러니 미국 심판의 권위와 오기는 대단하다.

언젠가 메이저리그에서 심판의 오심 판정이 뚜렷한 플

레이를 홈 팀의 전광판에 느린 화면으로 방영하자, 심판들이 "심판 대신 비디오로 게임을 하라"라며 모두 퇴장해 버린 적도 있었다. 이로 인해 곤경에 빠진 구단 측은 즉각 사과했고, 이후 비디오 상영은 취소되었다. 이런 연유에서인지 요즈음은 아주 애매한 판정의 경우 정식으로 비디오 판독을 요청하는 제도를 시행 중이다.

이처럼 심판이 강력한 발언권을 가질 수 있는 이유는 역설적으로 메이저리그가 오심 문제를 아주 엄하게 다루기 때문이기도 하다. 심판이 봐주기 판정을 했다는 뜬소문만 나도 커미셔너는 신속하게 진상조사를 해서 팬들에게 보고할 정도다. 그러니 심판들은 오심 시비에 연루되지 않기 위해 미묘한 공의 궤적을 날카롭게 투시하는 천리안과 같은 눈을 기르도록 노력한다.

다른 나라의 경우는 어떨까? 오늘날 대부분의 나라가 채택한 4인심제(구심1, 루심3)는 6인심제에 비해 선심 2명이 줄었기 때문에 가끔 오심 시비가 빚어진다. 6인심 제도를 채택해 온 일본도 1990년부터 4인심 제도를 도입한 후 오심 시비가 끊이지 않았다. 일본의 경우는 심판학교가 없고 연수 과정도 비교적 느슨한 탓에 미국에 비해 심판들의 오심 사례가 잦다. 그럼에도 불구하고 자신의 권위를 내세우는 심판들이 있다. 일례로 가장 저명한 심판인 니데카와 노부아키는 '짐은 국가다'라는 말이 연상되는 "나는 룰 북이다"라고 말했고, 오심을 입증하는 사진을 들이대면 "사진이 잘못됐다"라며 인정하지 않았다.

우리나라는 뒤늦게 심판학교를 세워 메이저리그와 거의 같은 과정으로 심판을 육성하고 있다. 그 과정에서 프로야구의 꾸준한 인기와 더불어 심판들의 권위와 신뢰도 점차 굳건해지고 있다. 미국의 심판은 때로는 '말똥(horse shit)'이라고 욕을 먹는다지만, 나는 우리나라의 심판들에게 다음과 같이 외친다.

"심판이여, 영원하라(long live)!"

# 야구가 인생의 축소판인 이유

야구는 인간이 공 하나를 쫓으며
허영, 용기, 좌절, 희망을 동시에 시험하는 삶의 축소판이다.

　사람들이 내게 야구에 대해서 물어오면 나는 인생에 빗대어 답을 하곤 한다. 야구 한 게임을 보는 게 한 사람의 인생을 들여다보는 것과 같기 때문이다. 야구에서는 아홉 번의 공수교대가 이루어지는 동안 매 이닝마다 어김없이 한 번의 기회와 한 번의 위기가 찾아오기 마련이다. 위기는 한 번뿐이면 좋겠으나 더 많이 닥치기도 하고, 기회는 여러 번이었으면 좋겠으나 딱 한 번으로 그칠 때도 있다. 중요한 것은 한 번이든 여러 번이든 위기가 닥칠 때마다 잘 극복해야 한다는 것이고, 기회 역시 매번 그것이 마지막인 것처럼 최선을 다해 잘 살려야 한다는 것이다. 그래야만 승리한다.

인생도 그러하지 않은가. 우리 인생도 9회 말까지 절대 방심할 수 없다. 어느 지점에서 위기가 잠복해 있다가 불쑥 나타날지 알 수 없으며, 기회 역시 마찬가지다. 9회 말 투아웃 상황에서 행운의 여신이 내게 미소를 보내줄 수도 있다. 그러니 9회 말이라고 해도 '절대로' 끝난 것이 아니다.

그리고 야구는 마지막 순간까지 사람이 해내는 운동이다. 공으로 경기하는 구기 종목 중 그 어떤 경기도 야구처럼 사람 중심인 경기는 없다. 축구, 배구, 농구 등은 사람이 차고 던진 공이 득점의 주인공이다. 하지만 야구는 다르다. 공이 아니라 사람이 득점의 마지막 순간을 책임진다. 배트로 공을 친 다음 그저 바라보는 것이 아니라 자신의 두 발로 뛰어서 홈 플레이트를 밟아야 득점을 올릴 수 있다. 그래서 야구처럼 인간적인 스포츠도 없다.

누구나 인생을 살다 보면 득점을 하는 순간이 있다. 하지만 공짜로 찾아오는 득점은 내 것이 아니다. 내 몸으로 치고 달려서 얻는 득점이야말로 진정한 내 것이다. 홈 플레이트까지 뒤돌아보지 말고 의심하지 말고 끝까지 뛰어야 한다. 그게 인생이다.

야구는 정교하게 디자인된, 체계적으로 반복되는 죽음의 연습이다. 야구는 죽음을 생산하고, 죽음을 사실화한다. 야구처럼 노골적이고 흥미진진한 죽음의 이야기는 존재하지 않는다. 야구의 모든 기록은 어떻게 세 명의 타자가 죽어갔는가에 대한 기억이며, 죽어간 타자들에 대한 방대한 통계다. (중략) 야구는 모든 구기 종목 가운데 가장 강력하게 계량화되고 기록과 관련 있는 종목이다. 이런 점에서 야구는 축구와 기본적으로 차이를 갖는다. 축구는 가까스로 근대화되었지만, 여전히 합리성으로 감쌀 수 없는 열정이 넘실거리는 스포츠다. 그것은 축구가 야만적이라거나, 폭력적이라거나, 남성적이라는 말보다 더 깊은 의미를 갖는다.

서울대 사회학과 김홍중 교수가 쓴 『은둔 기계』라는 책에 실린 야구에 관한 분석이다. 새롭고도 철학적인 시선으로 야구를 들여다본 내용이라 흥미롭게 읽었다. 기록과 통계의 스포츠인 야구가 지닌 특징과 인생의 생과 사에 비견

할 만한 야구의 속성을 꿰뚫고 있었으며, 축구와의 차별점을 언급한 부분은 내 생각과 일맥상통했다. 이는 내가 축구보다 야구를 더 좋아하는 이유이자, 야구의 나라 미국에서 축구를 좋아하지 않는 이유이기도 하다.

얼마 전 한 신문에 미국인들이 축구를 싫어하는 이유에 대한 기사가 실린 적이 있다. 축구가 비미국적 스포츠라는 내용이다. 우선 그들은 도대체 왜 손을 쓰지 못한 채 발과 헤딩만으로 경기를 해야 하는지 그 이유를 납득할 수 없다고 말한다. 이는 미국이라는 나라의 태생적 문화와도 밀접한 영향이 있다. 초기 미국의 개척자들은 모든 것을 손으로 이루어냈다. 뭔가를 성취하기 위해 손을 사용한다는 개념이 여러 세대를 거쳐 스포츠 세계에도 전이된 것이다. 그래서 미국인들은 축구를 두고 "인류의 직립보행을 추모하는 운동이냐"라며 비아냥거리고 "타조들의 경기냐"라고 히죽거린다.

미국인들이 축구를 좋아하지 않는 또 다른 이유 중 하나는 90분 내내 경기를 해봐야 고작 서너 점의 득점으로 승패를 가르는 경우가 대부분이기 때문이다. 승리를 중시하는 미국인들에게 걸핏하면 무승부로 끝나버리는 축구는 정서적으로도 맞지 않는다. 그들은 축구선수들을 매번 제자리로 굴러떨어지는 바위를 산꼭대기로 밀어 올리려고 헛고생하는 그리스 신화 속 시시포스 무리 같다고도 말한다.

게다가 축구는 애매한 파울이나 오프사이드 선언 하나가 경기 전체를 뒤바꾸고, 더 뛰어난 역량을 가진 팀이 승부차기에서 져서 탈락하는 일이 비일비재하다. 아메리칸 드림과 공정한 세상을 믿고 싶어 하는 그들에게 축구는 볼 점유시간과 유효 슈팅이 더 적은 팀이 승리하기도 하는 공정하지 못한 스포츠다. 기회는 평등하고, 과정은 공정하고, 결과는 정의로워야 하는데, 축구는 영 그렇지 않다는 것이다. 그래서 '축구는 전쟁, 야구는 인생'이라는 말도 나왔다.

무엇보다 축구는 경기가 끝나면 그 여운이 오래 가지 않는다. 시합 내용이 오랫동안 회자되는 경우도 드물다. 하지만 야구는 수년이 지나도 특정 경기에 대해 이야기하곤 한다. 2009년 대한민국 야구 대표팀이 WBC에서 일본 팀에게 패해서 준우승을 한 경기는 두고두고 회자되었다.

당시 임창용 선수가 연장전에서 이치로에게 적시타를 허용한 것이 패인이었는데 이를 두고 의견이 분분했다.

이치로를 상대로 정면승부를 택한 것을 자랑스럽다고 한 사람도 있었다. 반면에 감독이 임창용에게 이치로를 거르라는 사인을 제대로 주었다면 결정타를 맞지 않았을 것이고, 우리가 승리했을 거라는 아쉬움을 토로한 사람도 많았다. 실제로 김인식 감독도 그날의 경기를 두고 후회한다는 글을 신문에 쓴 적이 있다. 이치로를 걸러 1루로 내보내라는 사인을 줄 때 작전 미스가 있었다는 것이다. 2023년 ≪일간스포츠≫에 쓴 글이니 2009년 이후 얼마나 오랫동안 마음속에 그 경기를 품고 있었다는 의미인가. 비단 감독뿐 아니라 팬들도 마찬가지다. 이처럼 야구는 끝없이 새로운 스토리를 만들어내고 있다.

또한 야구는 끝날 때까지 끝난 게 아니다. 축구는 전후반전에 이은 연장전에서 끝이 난다. 그리고 스코어가 5 대 0 상황에서 경기 종료 시간이 가까워오면 승부는 끝났다고 볼 수 있다. 즉, 경기 종료를 알리는 심판의 휘슬이 울리기도 전에 이미 경기가 끝나버린 것과 마찬가지다. 스코어 차가 어느 정도로 벌어지면 선수나 관중 모두 어느 시점부터는 미련이나 희망을 갖지 않기 때문이다. 하지만 야구는 다르다. 9회 말 투아웃 상황에서도 원아웃을 잡지 못하면 1시간 연장도 가능하다. 절체절명의 순간에도 경기의 판세를 뒤집을 수 있는 희망이 남아 있다는 말이다.

축구에서 스코어는 절대적인 의미를 갖지만, 야구에서는 포기하지 않는 한 경기가 끝나기 전까지 스코어가 승패를 결정짓지는 않는다. 9회 말 투아웃 상황에서 스코어가 5 대 0이어도 안타를 친 후 뒤이어 홈런을 치고 상대팀이 실수를 하면 얼마든지 역전의 가능성이 있다. 절망적인 순간에서도 희망을 가질 수 있는 유일한 스포츠라고 해도 과언이 아니다.

그래서 야구는 멘탈의 스포츠이자 우리의 인생과 닮은 점이 많다. 야구가 9회 말 투아웃 상황에서도 포기하지만 않는다면 반전의 승부를 펼쳐나갈 수 있듯이 인생도 마찬가지다. 살다 보면 앞길이 안 보일 정도로 막막한 순간이나 절체절명의 위기에 맞닥뜨리곤 한다. 하지만 포기하지 않는다면 작은 돌파구라도 만들어서 마지막 승부수를 띄워볼 수 있다.

'야구에서 인생을 배웠다'는 말이 새롭게 느껴지지 않는 건 야구에서 인생을 배울 수 있다는 데 다들 동의하기 때문이다. 나 역시 마찬가지다. 그러니 다사다난한 한 해 두 해가 쌓일수록 나의 야구 사랑은 더 절절하고 깊어질 수밖에 없다.

○
# 나는 9회 말 투아웃 주자였다

정치와 야구의 다른 점은
야구선수는 스틸하다가 잡히면 아웃된다는 것이다.

지금까지 나는 여러 가지 일을 겪어왔다. 주도하기도 하고, 당하기도 하고, 속절없이 겪기도 한 그 일들에는 저마다의 소회가 있다. 안타까움이 남기도 하고, 후회가 남기도 하고, 화가 나는 일도 없지 않다. 말하자면 온전한 기쁨으로만 기억되는 일은 없다는 뜻이다. 그러나 야구는 달랐다.

LG구단 고문을 거쳐 돔구장 건설 준비위원회장의 자리에 있다가, 2009년 2월 9일 마침내 KBO 총재를 맡게 되었을 때 나의 기쁨이 어느 정도였는지는 하나님만이 아실 것이다. 너무 기뻐서 차마 겉으로 다 드러내기가 힘들 지경이었다. 단언컨대 자리가 욕심나서는 아니었다. 물론 더없이 영광스러운 자리였지만, 그때의 내 기쁨은 총재 자리를 차지했다는 성취감과는 거리가 멀었다.

그저 나의 야구 사랑을 인정받았다는 순수한 기쁨이었다. 내가 이렇게 말을 하면 온전히 믿어주는 사람이 많지는 않을 것이다. 어떤 진심은 너무나 순수한 탓에 오히려 의뭉스럽다는 의심을 받기도 하니까. 그래서 하나님한테만 내 온전한 기쁨을 진심으로 말할 수 있었다.

'감사합니다. 열심히 해보겠습니다. 잘해보겠습니다.'

마침내 KBO 총재 자리에까지 이르게 되었지만, 그 과정이 마냥 재미있지만은 않았다. 물론 시작은 좋았다. 무엇보다 현장의 야구인들이 나를 추천한 것은 오랜 세월에 걸쳐 성숙된 나의 야구 사랑을 인정받은 셈이었다. 어떤 일이든 능력이 중요하겠으나 그 능력이 발휘되려면 애정이 있어야 하지 않겠나. 야구인들은 순박한 사람들인지라 내 능력의 미천함은 알아보지 못했겠으나, 순박한 만큼 우직하기도 하여 내 애정이 자기들만큼이나 깊다는 것은 알았을 터다.

그들이 나를 추천한 또 다른 사정이 있었다. 그 전까지의 총재들은 모두 관선으로 뽑혀서 내려온 사람들인지라 요즘 말로 야구를 제대로 알지 못하는 이들이 많았다. 야구를 알지 못하는 사람들이 총재 자리에 있으면 고생하는 것은 현장의 야구인들이다. 선수들의 권익 신장이나 야구계의 발전은 고사하고 방해나 되지 않으면 다행이었다.

그러던 어느 날, 17대 대선을 거쳐 정권이 바뀌고 새 총재 인선 시기가 되자 구단 사장들이 전격 회동해서는 만장일치로 나를 추대하기로 결정 내렸다. 적군이 오기 전에 미리 진을 친 것이나 다름없었는데 그 정도로 낙하산 총재들에 대한 염증이 컸던 것이다. 나로서는 고맙고도 고마운 일이 아닐 수 없었다. 명예나 욕심 때문이 아니었다. 그런 건 다른 데서도 얼마든지 챙길 수 있었다. 내가 고마웠던 것은 앞으로 내가 좋아하는 사람들을 위해 일을 할 수 있게 되었고, 그게 또 내가 좋아하는 일이라는 사실이었다. 이보다 더 행복한 일은 없지 않겠는가. 하지만 그 기쁨은 채 며칠 가지 않았다.

구단 사장들이 날린 홈런을 정부에서 파울로 처리해 버린 것이다. 여전히 관선 총재를 내려 보내겠다는 정부의 의지가 확고했다. 당시 구단 사장들의 반발은 대단했다. 야구장 안에서 치러져야 할 멋진 경기가 야구장 밖에서 진흙탕 싸움이 될 태세였다. 결국 내가 먼저 자진사퇴를 하겠다는 성명을 낼 수밖에 없었다. 정부와 대립각을 세워봤자 야구계에 좋을 것이 없기 때문이다. 오히려 내가 야구인의 통합도 필요하지만 정부와의 합의도 필요하다고 사장단을 설득해야만 했다. 그렇게 일이 정리가 되는 듯했다. 그러나 아직 게임이 끝난 것은 아니었다. 9회 말 투아웃에도 게임은 계속된다고 하지 않았나.

지금에 와서야 말할 수 있는 당시의 내막은 이러했다. 이명박 대통령이 거부권을 행사한 것은 따로 앉힐 사람이 있어서였다. 김영삼 대통령의 집사 중 선거를 도와준 인물에게 KBO 총재 자리를 내줄 약속을 했던 것이다. 그런데 내가 내정되었으니 곤란할 수밖에 없었다. 상황이 이러하니 나에게 KBO 총재 자리가 아닌 다른 자리를 제안해 왔다. 하지만 나 역시 받아들일 수 없었다.

"이미 늦었습니다. 나는 야구인들과 약속을 했습니다. KBO가 생긴 후 처음으로 만장일치로 뽑힌 민간 총재인데 내가 어떻게 나 몰라라 하고 다른 선택을 하겠습니까? 그

것은 야구인들을 버리는 것입니다."

하지만 그들 역시 완강했다. 하는 수 없이 애초에 이 분란이 난 근원적인 문제를 해결해야만 했다. 그래서 나 대신 KBO 총재 자리에 앉히려고 한 인물에게 다른 자리를 마련해 주는 복안을 마련했다. 그런데 당사자가 그 자리를 마다하는 게 아닌가. 이유는 보수가 없는 자리였기 때문이다. 나는 그 소리를 듣자마자 곧바로 KBO 사무국에 전화를 했다.

"내일 사장단 이사회 소집해서 총재 봉급을 없애십시오."

바로 다음 날, 이사회는 전격적으로 총재의 연봉을 없앴다. 당연히 그는 총재직을 거들떠보지도 않게 되었고, 대신 모 기업의 감사 자리로 가게 되었다. 이러한 우여곡절과 긴박한 사건이 이어지던 끝에 나는 야구인들과의 약속을 지킬 수 있다는 희망을 갖게 되었다.

그 시절에는 체육계에도 정치가 개입되곤 했다. 대한체육회는 나라의 지원을 받으니 일정 부분 관여 받을 수밖에 없다지만, KBO는 나라의 지원도 받지 않는데 왜 정부가 관여한단 말인가. 당연히 정부의 개입에 대한 비난과 반발 여론이 빗발치기 시작했다. 결국 문체부에서 백기를 들었고, 기자회견을 열어 향후 KBO 총재 선임에 절대로 관여하지 않겠다는 발표를 해야만 했다.

그때 한 기자가 의미심장한 질문을 던졌다.

"정부에서 반대한 인물을 다시 재추대해도 관여하지 않겠다는 겁니까?"

그 자리에 있는 사람 중에 그 인물이 바로 나라는 걸 모르는 사람은 없었다. 게다가 엄연한 공식 기자회견이었다. 대답을 미룰 수도 훗날 번복할 수도 없는 자리라는 의미다.

"그렇습니다."

결국 기다리던 대답이 나왔고, 그와 동시에 나의 재추대가 결정된 것이나 마찬가지였다. 야구인들의 환호 소리가 들리는 듯했다. 그렇게 나는 2009년 2월 24일, KBO 총재로 취임했다. 그 어느 때보다 어깨가 무거워지는 순간이었다. 나중에 기자들과 간담회를 하면서 내가 한 말이 있다.

"이제까지의 총재들은 제왕절개로 나온 사람들이라면 나는 자연분만입니다. 안 그렇습니까?"

박수와 웃음소리가 동시에 터져 나왔다. 물론 순산은 아니었고 난산에 가까웠으나 그래도 자연분만이었으니 얼마나 소중한 자리인가. 해야 할 일은 또 얼마나 많겠는가. 그것도 그냥 하는 게 아니라 잘해야 할 일투성이였다.

 야구인들은 그 기쁨을 나누기 위해 취임식을 성대하게 치를 작정인 듯했다. 나도 그렇게 하고 싶었다. 지난한 과정이었던 만큼 특별한 취임식이 될 터였다. 하지만 나는 취임식을 고사했다. 대신 취임식 비용 2천만 원을 당시 경기 중에 쓰러져 뇌사 상태로 입원 중이던 임수혁 선수에게 전달했다. 그리고 아주 특별한 설렁탕 한 그릇을 손님들께 대접하는 것으로 취임식을 대신했다. 내 평생 먹은 설렁탕 중 가장 맛있는 설렁탕이었다.

## ○
# 못다 한 나의 야구 짝사랑

인생의 가장 좋은 일들은
대개 슬픔이나 고난의 보자기에 싸여 있다.

    총재 취임식 날, 나는 야구인들이 직접 선임한 최초의 총재로서 남다른 각오를 다졌다. 각오 정도가 아니라 특별한 사명감이 필요했다. 내가 총재직에 있는 동안 반드시 이루겠다고 다짐한 것도 많았다. 그중 가장 중요한 두 가지가 있었다. 첫 번째는 선수들의 경제교육이고, 두 번째는 그들이 관객들로부터 받은 사랑을 돌려주어야 할 사회적 책임에 관한 교육과 시스템을 마련하는 것이었다.

    내가 총재에 취임할 무렵 프로야구 역사가 이미 30년이 가까웠음에도 아직 선수들은 프로 생활에 익숙해지지 못했다. 특히나 경제관념 측면에서는 아쉬움이 컸다. 고액 연봉자가 된 선수들은 갑자기 이룬 부를 어떻게 운용해야 할지 잘 모르고 있었다. 개중에는 지인들의 투자 권유로 큰 손실을 보기도 했고, 과소비 등 나쁜 소비 습관에 젖은 선수들도 있었다.

관객들은 선수들의 연봉에 대해서는 큰 관심을 보이는 반면, 그 연봉에 이르기까지 선수들이 기울인 땀과 노력은 잘 보려고 하지 않는다. 그래서 고액 연봉이 허투루 쓰이는 정황이 발생하면 결코 관대하지 않다. 말하자면 모든 책임은 선수 개인의 몫인데, 그 길을 어떻게 현명하게 가야 하는지 알려주는 사람은 거의 없었다. 시스템도 거의 전무하다시피 했다. 그러므로 선수들에게 경제관념을 새롭게 정립해 줘서 스스로 수입을 관리하고 건강한 투자생활을 할 수 있도록 도와주고 싶었다.

총재로서 내가 할 수 있는 최적의 선수 보호는 경제적 보호라고 여겼다. 그러나 여기에서 끝난다면 결코 완벽한 보호라 할 수 없을 것이다. 선수들의 경제적 보상은 결국 팬들로부터 얻은 것이다. 그러므로 팬들에게 받은 사랑과 관심을 돌려주어야만 했다. 훌륭한 경기, 프로로서의 매너뿐 아니라 사회봉사와 도네이션도 중요한 요소라는 게 나의 생각이었다. 미국의 메이저리그 선수들은 그들의 놀라운 연봉과 기행만큼이나 비시즌에는 다양한 사회봉사 활동을 벌이고 있다.

일례로 LA 다저스의 슈퍼 에이스인 클레이턴 커쇼 선수는 해마다 아프리카 잠비아에서 봉사활동을 하는 것으로 유명하다. 신혼여행을 잠비아로 다녀온 커쇼는 매 시즌이 끝날 때마다 가족과 함께 아프리카 봉사활동을 이어나가고 있다. 미국 내에서의 자선활동도 마찬가지다. 댈러스 지역에서는 가정형편이 어려운 학생들을 위한 방과후 스포츠 프로그램을 제공하고 있는데 그중 하나가 야구 교실이다.

그 외에도 자선단체 '커쇼 챌린지(Kershaw's Challenge)'를 설립해서 시즌 중 탈삼진 하나당 500달러를 기부금으로 적립했는데, 2013년에는 시즌 동안 232개의 탈삼진을 잡아내 기부금 총액이 11만 6천 달러(약 1억 2천만 원)에 이르렀다. 이런 활동을 하는 커쇼를 두고 팬들은 '내 삶의 롤모델'이라며 칭송한다. 이렇게 훌륭한 운동선수가 사회 구성원들의 롤모델이 되는 것은 나의 바람이자 우리가 지향해야 할 궁극의 목표라 할 수 있다.

우리 선수들도 이렇게 시대의 롤모델로 인정받을 수 있다. 다만 그 방법을 제대로 알지 못할 뿐이다. 그래서 내가 그 시스템을 확고히 마련하겠다고 다짐했다. 야구인들이라면 우리 사회를 지금보다 좀 더 나은 방향으로 이끄는 데 기여할 수 있다고 믿게 된 것은 미국의 한 독립 구단이 보여준 일화 덕분이다. 잠시 그 이야기를 해보려고 한다.

1973년 미국 오클랜드에서 독립 구단이 창단되었다. 메이저리그에서 기존의 독립 구단을 모두 인수해서 산하 구단으로 만든 후, 최초로 생긴 구단이자 유일하게 남은 독립 구단이었다. 그런데 이 구단 구성원들의 면면은 상당히 이례적이었다. 단장은 전직 야구선수 출신의 영화배우였고, 구단의 선수들은 일반인들을 대상으로 공개 모집을 했을 정도다. 배가 나온 선수부터 수염을 덥수룩하게 기른 선수까지, 각양각색의 선수들이 헤진 운동화를 신고 싱글 A 시즌을 뛰었다. 그리고 놀랍게도 메이저리그 산하의 구단들을 상대로 모두 이겨버렸다.

이 신화 같은 스토리가 즐거운 이유는 구단의 성장 속에서 선수와 팬, 지역과 구단, 열정과 희망이 공존하다 못해

폭발하는 케미를 보여주었기 때문이다. 우리나라의 야구계에서도 이와 같은 폭발적인 에너지를 보는 것이 나의 꿈이었다.

이 독립 구단의 퍼포먼스는 팬들을 열광시켰다. 선수 중 한 명은 관객석으로 뛰어 올라가 대빗자루로 바닥을 쓸었는데, 이는 3연전을 3연승으로 쓸어버리겠다는 의미였다. 언제부턴가 관객들도 직접 만든 빗자루를 들고 와서 응원하기 시작했다. 팀의 구호도 "빗자루로 쓸어버리듯이, 연전연승하라"가 되었고, 그 구호처럼 승리도 쓸어 담았다. 그뿐만 아니라 관객석의 쓰레기도 쓸어 담고 팬심도 쓸어 담았으니, 3전 3승뿐만 아니라 '일거삼득'이었다. 야구인이 꿈꾸는 사회공헌은 이런 모습이 아닐까.

나는 우리 선수들이 팬들과 사회에 대한 고마움을 아는 선수들로 성장하길 바랐다. 받은 사랑을 되돌려주는 선순환의 의미를 몸소 깨닫는 선수들은 오래도록 팬들의 사랑을 받으며 사회에 선한 영향력을 행사할 수 있기 때문이다. 또한 선수들의 도네이션은 해당 구단 기업의 참여를 불러올 수 있다. 자기 구단의 선수가 열심히 사회봉사를 하는데 해당 기업이 모른 척 나 몰라라 할 수 있겠는가. 스포츠를 통한 선순환의 문화는 이렇게 생기는 것이다.

실제로 국내 프로야구 선수들도 열심히 도네이션하고 있다. 박찬호 선수는 오래 전부터 후배 선수들을 위해 장학금을 지원해 왔다. 1997년에는 박찬호장학회를 설립해서 매년 야구 유망주를 도와왔고, 지금은 장학회를 재단법인으로 전환해서 꾸준히 유소년 야구를 위한 후원을 하고 있다. 한화이글스의 송진우 코치와 선수들도 프로야구 기부문화의 선봉장 역할을 했다. 승리하거나 홈런을 칠 때마다 기부금 적립 형태의 사회공헌 활동을 해왔으며, 이후로 수많은 선수들이 경기 내용을 바탕으로 적립금을 모아서 소외계층을 지원하거나 심장병 어린이를 후원하는 등 자신들만의 방식으로 나눔을 실천하고 있다.

"나는 공을 던지는 것이 아니라 희망을 던진다."

박철순 선수의 이 말처럼 야구선수들은 국민에게 희망을 전하는 메신저가 되고 있다. 야구인의 한 사람으로서 뿌듯하고도 감사한 일이다.

아쉽게도 나는 뜻밖의 이유로 총재직을 그만두게 되었다. 그전까지 이룬 것도 있었고 이루지 못한 것도 있었다.

실은 이루지 못한 것이 훨씬 많았다. 하지만 내가 좋아하는 일을 원 없이 했기 때문에 아무런 후회나 회한이 없다. 그렇더라도 야구인들에게는 늘 미안한 마음뿐이다. 나는 그들과 함께하면서 기쁘게 일하고 재미난 시간을 함께 보냈지만, 내가 그들을 위해서는 못다 한 것들이 많기 때문이다. 끝끝내 아쉽고 미안했다. 이제는 그 아쉬움과 미안함을 팬심으로 대신할 뿐이다.

"중독에는 여러 가지가 있다.

약물 중독, 알코올 중독, 도박 중독, 야구 중독…….

이 중독 중 도박 중독과 야구 중독은

맨 정신의 중독이기에

끊기 힘들다."

○
# 야구와 함께한 내 인생의 화양연화

　남산 명지빌딩 한 켠에 있는 나의 사무실은 흡사 KBO 총재 시절의 방과 다를 바가 없다. 야구선수들의 사인볼이 즐비하고 각종 야구 관련 상패와 사진들이 진열되어 있기 때문이다. 그중 볼 때마다 뿌듯한 사진이 하나 있다. 내가 양키스타디움에서 뉴욕 양키스 점퍼를 입고 시구하는 장면이다.

　2010년 7월, 양키스가 토론토 블루제이스와의 홈경기를 하기 전에 시구 세리머니가 있었는데 바로 그 시구자가 나였다. 한국인 최초로 하는 신축 양키스타디움 시구는 야구팬으로서 최고의 영광이라 할 만했다. 그런데 양키스는 또 한 번 나를 감동시켰다.

시구 전 나는 덕아웃 뒤편 배팅 게이지에서 연습을 했다. 시구 폼이 나쁘지 않았는지 공을 다섯 개쯤 던졌는데 오케이 사인이 떨어졌다. 곧바로 마운드로 향하려던 찰나 양키스 부사장이 나를 붙잡았다.

"공을 받아서 올라가면 1분만 서 있으세요."

부사장의 주문대로 마운드에 서 있자니 딱히 할 일이 없어서 모자를 벗어 관중들에게 인사를 했다. 그때 갑자기 전광판이 다다다 꺼지는 게 아닌가. 그러다 다시 전광판에 불빛이 들어오면서 '한국의 날'이라는 글자와 태극기 영상이 번쩍 떠올랐다. 그렇게 가슴 벅차오르는 순간도 잠시, 캐처가 나오지 않자 당황스러웠다. 진행에 차질이 있나 싶어서 두리번거리는데 갑자기 한쪽에서 캐처가 장비를 갖춰 입고 황급히 뛰쳐나왔다.

드디어 시구의 순간, 포수가 앉자 나는 가슴을 활짝 열어젖히며 전력을 다해 시구했다. 그런데 시구가 끝나고 보니 그 캐처는 다름 아닌 박찬호 선수가 아닌가. 당시 박찬호 선수는 LA 다저스를 떠나 양키스에서 뛰고 있었는데 그곳에서 우리가 만날 줄은 꿈에도 몰랐다. 양키스가 이렇게까지 나를 감동시킬 줄이야. 당시 동행한 우리나라 프로야구단 사장단도 현장에서 그 장면을 보면서 울컥하기는 마찬가지였다.

"사진이 아주 잘 나왔어요. 한국으로 보내줄 테니 사진에다가 사인 받고 싶은 양키스 선수가 있으면 세 명만 말해보세요."

양키스 부사장의 제안에 나는 알렉스 로드리게스와 데릭 지터 선수를 말했다. 그리고 마지막 한 명의 선수로는 자랑스러운 우리의 박찬호 선수를 선택했다.

사실 그때 양키스 점퍼를 입은 데는 웃지 못할 사연이 있다. 미국에 가기 전 가족과 함께 이탈리아에 들러 여행을 한 뒤, 나 혼자 런던으로 가서 미국행 경유 비행기로 갈아탔는데 항공사의 착오로 내 짐이 누락된 것이다. 결국 시구 당일 날까지 짐이 도착하지 않아서 비행기 탈 때 입은 허드레옷을 입고 구장에 갔다. 나의 사정을 들은 양키스 측에서는 "너무 잘됐다"면서 팀의 점퍼를 내주었다. 하지만 신발은 받지 못해서 구두를 신은 채 시구를 해야만 했다.

지금도 그 사진을 보고 있으면 그때 생각이 나서 슬며시 웃음이 난다. 구두를 신고 시구하는 내 모습이 웃겨서가 아니라, 양키스타디움 그라운드에서 박찬호 선수와 캐처와 시구자로 만난 그 드라마틱한 순간이 떠올라서다.

학창 시절부터 야구 마니아였던 나는 LG구단 고문직에 이어 KBO 총재가 되면서 요즘 말로 '성공한 덕후'가 된 셈이다. 덕분에 귀한 경험도 참 많이 했다. 양키스타디움 시구뿐 아니라 2010년에는 미국 세인트루이스에서 열린 올스타전에도 초청 받아 갔었다. 그때 가장 인상적인 장면은 오바마 대통령의 시구 행사였다. 화이트삭스의 점퍼에 청바지를 입고 나이키 운동화를 신고 마운드에 올라선 오바마는 여유로운 표정을 짓고 있었다.

사실 30여 개의 프로야구 구단이 있는 미국의 대통령이 특정 구단의 옷을 입고 나오는 것은 민감한 사안이다. 하지만 오바마는 특유의 유머로 논란을 모면했다.

"미셸은 제가 이 옷 입을 때 제일 귀엽다고 했어요."

그런데 올스타전 시구의 주인공은 오바마가 아니라 메이저리그의 전설적인 선수 스탠 뮤지얼이었다. 장내 아나운서가 스탠 뮤지얼이 나온다는 안내 멘트를 하자 그라운드 위로 지프차가 한 대 유유히 들어오더니 마운드 가까이 다가왔다. 모든 관중의 이목이 그 차에 쏠렸고, 차 문이 열리자 그린색 재킷을 입은 아흔 살의 스탠 뮤지얼이 모습을 드러냈다. 놀랍게도 오바마가 그 차로 뛰어갔음에도 그는 내리지 않았다. 단지 오바마에게 시구할 공만 전해주고는 바로 차 문을 닫고 그라운드를 빠져나갔다. 그 순간 야구장에서는 우레와 같은 기립박수가 쏟아졌다.

그 역사적인 장면 속에 내가 있다니 얼마나 감사할 일인가. 그런데 이런 극적인 감동을 받았던 순간 못지않게 내가 사랑하는 순간들이 있다. 바로 우리나라 야구장에서 감독들과 야구 경기를 보면서 관객들과 함께 울고 웃을 때다.

세상에는 두 종류의 감독이 있는데 바로 '잘린 감독'과 '곧 잘릴 감독'이다. 그런데 곧 잘릴 감독과 친구가 될 사람은 많지 않다. 더군다나 잘린 감독과 야구를 같이 보러 다닐 수 있는 사람은 더욱 드물다. 그런데 내가 후자에 해당했으니 내 즐거움이 얼마나 컸겠는가. 아무튼 나의 야구 사랑은 진정 복된 일이었다.

나는 한국 프로야구가 출범하던 무렵, MBC청룡의 감독이었던 백인천과 친분이 생겼다. 백인천 감독은 1975년 한국 선수로는 최초로 해외 리그에 진출해서 일본 프로야구 퍼시픽리그 타격왕을 차지했고, 4할대 타율이라는 불멸의 기록을 남겼다. 백 감독은 1982년 MBC청룡 초대 감독을 맡은 이후에 LG트윈스 감독으로서는 창단 첫 우승이라는 성과를 이루어냈지만, 롯데 감독으로 부임한 뒤로는 저조한 성적을 남기며 시즌 도중에 경질되기도 했다.

그렇게 잘린 감독과 나는 함께 야구를 보러 다녔다. 나도 야구에 대해서는 일가견이 있다고 자부하지만, 최고의 선수이자 감독이었던 그와 함께 경기를 보면 안목이 달라지고 그렇게 재미있을 수가 없었다.

하루는 둘이서 잠실구장에 들어섰는데 백인천 감독이 물끄러미 하늘을 쳐다봤다.

"오늘 같이 흐린 날에는 캐처가 보통 때처럼 캐처 플레이를 하면 안 돼요. 공이 안 보이거든요."

경기가 시작되자 잿빛이 더 짙어졌다. 그리고 놀랍게도 백 감독의 말 그대로 캐처의 실수가 이어졌다.

"이럴 때는 절대로 습관적으로 공을 잡으려 해서는 안 돼요. 처음부터 눈으로 공을 쫓아가야 잡을 수 있어요."

역시 아는 만큼 보이는 법이다. 백 감독과 야구 경기를 보러 갈 때마다 야구의 새로운 면면을 엿볼 수 있어서 너무나 즐거웠다. 이럴 줄 알았다면 백 감독의 차를 타고 야구장 갈 때마다 그를 놀리지 말 걸 그랬다. 백 감독은 야구를 보러 갈 때마다 자기 차를 타고 가자고 했다. 그런데 그 차를 타면 늘 불안하고 조마조마했다. 그가 운전을 너무 못하기 때문이다.

"아니, 백 감독. 운동신경이 그렇게 좋은 사람이 운전은 왜 이렇게 못하는 거요?"

"저 운동신경이 좋은 사람이 아닙니다."

"그게 무슨 소린가. 내 앞에서 무슨 그런 겸손을 떨어?"

"저는 잘 때도 침실에 방망이를 갖고 들어갔습니다. 옆에 두고 잠 안 올 때 일어나서 연습했어요. 다른 선수들에 비해 운동신경이 좋지 않았거든요."

자다가도 벌떡 일어나 야구 방망이를 들고 스윙 연습을 할 정도였다니. 역시 천재적 재능은 거저 얻어지는 게 아니다. 이런 천재와 나란히 앉아서 그가 해주는 설명을 들으면서 야구 경기를 봤으니, 내 인생에서 야구가 준 인연과 기회만큼 나를 행복하게 한 것도 없지 않나 싶다.

5장

농담의 쓸모

# 생의 매순간
# 농담이 필요하다

○

# 관용과 예의의 차이

*관용이란 다른 사람의 실수를 용서하는 것이고,
예의란 실수를 모른 척하는 것이다.*

2006년 경찰박물관 자문위원장을 맡았었다. 박물관 개관은 짧은 기간에 뚝딱 할 수 있는 것이 아니라 오랫동안 정성껏 준비해야 하는 일이다. 경찰박물관도 거의 6~7년 동안 공 들여 준비했고, 2005년 마침내 개관을 앞두고 기념식을 하게 되었을 때는 가슴이 벅차올랐다.

경찰박물관은 단순히 경찰과 관련된 물품을 전시하는 곳이 아니라, 국민들에게 대한민국 경찰의 역사와 역할을 보여주는 곳이다. 모두가 알다시피 우리나라 경찰의 역사가 자랑스럽지만은 않았다. 어지러운 시대를 거쳐 오는 동안 경찰은 국민들의 지탄을 받다 못해 때로는 공포의 대상이기도 했다. 하지만 그 지난한 세월 속에서도 본분을 다하는 경찰이 있었다. 기어코 국민의 편에 선 경찰이 있었고 시민들의 아픔을 함께한 경찰도 있었다. 경찰박물관에는 그 역사와 경찰들의 활약상을 겸손하게 담아내고 싶었다.

다만 기념식은 성대하게 준비했다. 경찰청장뿐 아니라 문화재청장, 문화체육부 장관, 행정자치부 장관, 국회의원 몇 분 등 경찰이나 박물관과 관련된 고위 인사들을 모두 초청했다. 대부분의 초청자들이 기꺼이 시간을 내 참석해서 자리를 빛내주었고, 문화체육부 장관만 사정상 동영상으로 축하 메시지를 보내주었다.

모든 과정이 순조롭게 진행되고 기념식장에는 훈훈한 분위기가 감돌고 있었다. 그런데 문체부 장관의 축하 메시지가 상영되기 시작한 순간, 돌발 상황이 발생했다. 영상에서는 기쁜 표정으로 축하하는 장관의 얼굴만 보였고 음성은 나오지 않았다. 행사장 참석자들은 모두 환하게 웃으면서 입만 뻐끔뻐끔하고 있는 장관의 모습을 물끄러미 바라만 봐야 했다.

그 순간 경찰청장의 표정은 붉으락푸르락 달아올랐고,

사회를 보던 총무과장의 얼굴은 사색이 되었다. 놀라서 얼어붙어 있는 것도 잠시, 어떻게든 수습을 해야 했던 총무과장은 스태프에게 온갖 손짓을 다 하며 애를 썼지만 안타깝게도 장관의 축사는 그렇게 소리 없이 끝나고 말았다.

축사 내용도 모른 채 박수를 치려니 영 어색하고 그렇다고 가만히 있자니 장내 분위기가 더 얼어붙을 것 같고 도무지 판단이 서질 않았다. 몇몇이 툭툭 박수를 쳤지만 그 소리마저 이내 끊어졌다. 경찰청장의 붉어진 얼굴은 금세라도 터져버릴 지경이었고, 총무과장은 저러다 졸도하는 건 아닌지 진심으로 걱정될 정도로 혼이 나간 얼굴이었다.

그렇게 난감한 상황 속에서도 기념식은 이어졌다. 한번 혼이 나간 총무과장은 마치 로봇처럼 영혼 없이 행사를 진행했고, 경찰청장의 한껏 굳어진 얼굴은 끝끝내 풀리지 않았다.

제아무리 행사장 분위기가 좋지 않아도 예정된 만찬은 이어져야만 했다. 나는 만찬이 시작되자마자 가장 먼저 건배사를 자청했다. 자문위원장으로서 할 말도 많았고, 할 수 있는 말도 많았다. 하지만 나는 녹음기 이야기를 가장 먼저 꺼냈다.

"박물관에 경찰 초창기에 사용하던 녹음기를 전시할 건데, 그걸 오늘 보여드렸습니다. 여러분들 다들 아시죠?"

"……."

만찬회장에 참석자들은 또 한번 어리둥절한 표정을 지었다. 도대체 무슨 소리를 하고 있는 건지 영문을 모르는 얼굴이었다. 행사 도중에 녹음기가 소개된 적이 없기 때문이다.

"아까 장관님 축사 영상 나갈 때 이상하지 않으셨어요? 경찰박물관에 전시되는 최초의 녹음기로 장관님 목소리를 녹음했습니다. 그 성능을 실험하느라고 일부러 사용해봤는데 역시나 너무 오래 돼서 이제는 소리가 재생되지 않네요."

그제야 사람들의 얼굴에 호기심이 어리기 시작했다. 벌써 웃고 있는 사람들도 있었다.

"역시 벌써 알아채신 분들이 계시군요. 그러니까 그게 사고가 아니었습니다. 장관님 축사는 나중에 읽어드리는 걸로 원래 계획되어 있었는데, 사회를 보신 우리 총무과장님이 정신이 없으셔서 그걸 알리는 걸 깜박하셨더라고요.

그래서 제가 그 오래된 녹음기에 대고 건배사를 외치겠습니다. 경찰의 역사여, 영원하라!"

"위하여!"

장내에서 우렁찬 함성이 터져 나왔다. 장관의 소리 없는 축사가 끝났을 때 하지 못했던 박수를 뒤늦게 힘껏 치는 듯 '위하여' 소리는 유난히 크게 울려 퍼졌다. 그때 내 옆에 있던 경찰청장의 표정이 비로소 밝아졌다.

"진작 좀 말씀해 주시지."

경찰청장은 심지어 활짝 웃기까지 했다.

"하마터면 사고인 줄 알 뻔했잖습니까."

경찰청장이 정말 내 말에 속아준 것일까? 알 수 없는 일이다. 만찬회장은 다시 활기를 띠었지만, 행사 진행을 총괄하고 사회를 맡았던 총무과장의 낯빛은 돌아오지 않았다. 여전히 얼굴을 푹 숙이고 있었다. 행사가 거의 끝나갈 무렵에야 내게 다가와 고개를 숙이면서 말을 건넸다.

"살려주셔서 고맙습니다."

아니, 내가 누굴 살렸단 말인가. 나는 박물관 개관을 준비하는 내내 곁에서 그를 지켜보았고 얼마나 성실하고 좋은 사람인지 익히 알고 있었다. 한순간의 실수가 그에게 큰 상처로 남지 않길 바랄 뿐이었다. 그래서 한 번 더 농담을 했다.

"아니, 설마 진짜 사고였던 거예요? 이벤트 아니고?"

총무과장도 그제야 활짝 웃었다. 눈가에 눈물이 맺혀 있었다. 그 후 총무과장은 승승장구하여 나중에는 서울경찰청장 자리까지 올랐다. 그때 내가 실수를 덮어주지 않았다 해도 그렇게 영전하는 데 어려움이 없었을 것이다. 사소한 실수가 사소하게 묻힐 만큼 성실하고 또 노력하는 사람이라는 걸 누구나 알고 있기 때문이다. 그렇더라도 서울경찰청장이 된 그분 기사를 볼 때마다 나는 가끔 홀로 미소를 짓곤 한다. 장관이 스크린에서 붕어처럼 입만 뻐끔뻐끔할 때 사색이 된 그의 얼굴을 떠올리면서 말이다.

○
# 유머는 고래도 춤추게 한다

요즘 사람들은 자신의 기분이 좋을 때뿐만 아니라
다른 사람의 기분이 좋지 않을 때에도 춤을 춘다.

어느 조직에서든 회의를 하다 보면 뜻밖의 상황에 맞닥뜨리게 된다. 회의 참석자 간에 의견이 달라 격렬한 토론이 이루어지는 것이야 바람직한 일이겠으나, 그 격렬함이 지나쳐 자칫 서로의 마음을 다치게 할 때도 있다. 좋게 말해 마음이 다치는 것이지 때로는 빈정이 상하기도 하고 이러다가 싸움이 나지 싶을 때도 있다.

나는 이런저런 조직의 이사장으로 일할 때 나의 할 일은 회의가 잘 흘러가게 물길을 잡는 것이라고 여겼다. 나에게 참신한 아이디어가 있고, 그 아이디어를 추진할 패기가 있고, 심지어 돈도 있고, 돈이 없으면 어디서든 끌어오는 힘이나 인맥이 있다면 더할 나위 없겠지만 불행 중 다행으로 나는 그 모든 능력이 없었다. 다행이라고 말하는 이유는 내게 그런 능력이 있다고 믿는 순간 조직이 갈 길은 뻔하기 때문이다. 조직의 장이 자신의 능력을 믿고 독선적인 판단을 서슴지 않으면 거기에서 모든 문제가 시작되는 법이다.

다행히 나는 그런 오만은커녕, 깜냥도 안 되고 그럴 생각조차 없는 사람이니 나를 이사장으로 추대한 사람들은 미리 그 사실을 알고 나를 그 자리에 앉힌 듯했다. 적어도 내가 이사장으로 있으면 실무자들은 맘껏 일을 할 수 있겠구나 하고 생각하지 않았을까. 만일 그러하다면 나를 이사장으로 뽑은 것은 탁월한 선택인 셈이다.

그런 의미에서 2006년 문화유산국민신탁의 초대 이사장직이 내게 온 것은 제격이었다. 사실 처음 제안을 받았을 때는 고사했다. 그렇게 여러 번 고사 끝에 수락하고 보니 기왕 맡은 일 잘해보자는 생각이 들었고, 막상 맡고 보니 이게 또 내가 좋아하는 일이기도 했다. 문화유산국민신탁은 여기저기 흩어져서 사라질 위기에 처한 개별 문화유산을 발굴하고 그 유산들을 소중하게 보존하는 일을 하는 조직이다.

당시 나는 종로구 통인동 154-10번지에 있는 시인 이상의 옛집을 매입해서 기념관 등으로 운영했다. 전남 보성의 보성여관, 울릉도의 일식가옥 등도 이때 매입한 문화유산이다. 국보나 문화재는 아니지만 보존할 가치가 있고 보존함으로써 가치가 높아질 것을 찾아 국민신탁 대상 리스트를 작성하면서 큰 보람을 느꼈다.

어느 조직이나 처음에는 해결해야 할 일과 점검해야 할 것이 많고, 기안을 만들어야 할 것도 많은 법이다. 그러다 보면 당연히 착오도 생길 수밖에 없다. 한번은 기안서를 검토하는데 그 내용과 형식이 너무 미숙해서 당황스러울 정도였다. 담당 실무자들이 대부분 자원봉사자라서 사무 경험이 전무한 데다가 봉사의식만 충만하다 보니 공문서 기안 작성법을 잘 알지 못했던 것이다. 그래서 예전 관보나 참고서를 보고 기안을 작성하는 바람에 아주 오래 전 형식을 그대로 차용한 기안서가 되어버렸다.

그런데 마침 그 회의에 참석한 이사 중 정부의 고위직 공무원을 지낸 분이 있었다. 의욕까지 넘치는 그분에게 해당 기안서가 마음에 들 리가 없었다. 기안서의 형식이 그저 격식에만 맞춘 듯 답답해 보였을 것이다. 결국 그분이 실무자에게 한마디를 했다.

"아니, 무슨 기안서가 이렇게 올드합니까? 지금이 어느 시대인데 이런 기안서를 올리나요?"

기안서가 너무 구태의연하다는 의미였다. 새 조직이 출발하는 마당에 어디서 베껴온 것 같은 기안서나 올리고 있으니 일이 잘 굴러가겠느냐는 말까지 이어지면서 끝내 호통 치는 격이 되어버렸다. 회의에서 격론이 벌어지는 것은 좋은 일이지만, 아랫사람과 윗사람 사이에서의 격론이란 결국 호통을 치고 야단을 맞는 일에 불과하기 마련이다.

실무자는 고개를 푹 숙인 채 점점 더 주눅이 들고 호통을 치는 사람은 점점 더 말이 길어지고 있으니, 여기서 이 사장이 나서서 해야 할 일이 있지 않겠는가. 회의를 물 흐르듯 흘러가게 하는 것이 이사장의 임무 중 하나이니 일단은 불부터 꺼야 했다.

"제가 잠깐 한마디 끼어도 되겠습니까?"

호통소리는 멈추었지만 분위기는 여전히 싸했다.

"우리가 하는 일이 뭡니까? 문화유산을 지키자는 거 아닌가요?"

사람들의 시선이 일제히 내게로 향했다. '아니, 이런 상황에서 저런 하나마나한 소리를 왜 하는 거지?' 하는 표정이었다.

"문화유산이라는 게 오래된 거지요? 그러니까 우리가 오래된 걸 지키는 일을 하는 건데, 저 실무자의 기안서도 올드한 것이라 하니 그거 참, 여기에 어울린다 싶기도 하고……."

기안서를 꾸짖었던 이사는 화통한 사람이기도 했다. 다른 사람 같았으면 "무슨 소리를 하십니까?" 하고 성을 냈을 테고 그러면 나의 실없는 농담은 헛소리가 되고 말았을 터인데, 그가 화통하게 먼저 웃음을 터뜨렸다. 얼굴이 벌겋게 달아올라 차마 고개를 들지 못하던 실무자의 표정도 서서히 풀렸다.

"자, 그럼 다음으로 넘어갑시다. 다음번 논의할 문화유산은 얼마나 올드한 건가요?"

그 이후 무슨 논의가 이어졌는지는 잊었지만, 회의 분위기가 아주 좋았다는 것만큼은 아직도 기억에 남아 있다.

새로운 것과 오래된 것이 화합하는 분위기랄까. 그리고 호되게 꾸중을 들었던 실무자는 그날 이후 새로운 것을 배우기 위해 부단히 노력했다. 이사장으로서의 내 소임은 다한 셈이다. 회의의 물길을 잘 잡고 실무자가 맘껏 일할 수 있게 했으니 말이다.

무엇보다 내가 가장 잘한 일은 후임으로 훌륭한 이사장을 모신 일이다. 삼성출판사 김종규 회장은 내 뒤를 이어 이사장직을 맡은 후 회원 300명이던 문화유산국민신탁을 1,700명 규모로 성장시켰다.

○
# 때론 뻔뻔함이 필요하다

뻔뻔한 사람은 자신의 노고에 대해서는 아주 예민하면서
다른 사람의 가치에 대해서는 별로 인정하지 않는다.
_앰브로즈 비어스

후쿠이공업대학의 개교 50주년 기념식 날, 나는 상해대학 총장과 함께 명예박사 학위를 받았다. 답사는 상해대학 총장이 하기로 했으니 나는 인사만 잘하고 편안한 마음으로 명예로운 시간을 즐기기만 하면 될 터였다.

그런데 이게 무슨 날벼락이란 말인가. 학위 수여식 바로 전날 상해대학 총장이 참석하지 못하게 되었다는 연락을 해온 것이다. 비행기가 안 떠서 올 수가 없다는데 까닭도 알 수 없는 그 일의 재앙이 나에게 미칠 줄은 몰랐다. 학위를 수여받는 사람은 단 둘인데 그 중 한 사람이 참석을 못하니 나머지 한 사람이 이것도 하고 저것도 해야 하는 것은 당연한 일이었다. 문제는 그 나머지 한 사람이 바로 '나'라는 점이다. 그리고 그 한 사람이 해야 할 이것과 저것 중에는 답사도 있었다.

그때부터는 마음 편안하기는 틀렸다는 생각을 하면서도, 답사야 원고를 읽으면 될 테니 어떻게든 넘길 수 있겠다 싶었다. 답사는 반드시 일어로 해달라는 주최 측의 요청을 듣기 전까지는 그랬다. 일어로, 읽지도 말고, 원고도 없이 해달라니 이런 날벼락이 어디 있단 말인가. 알아보니 주최 측에도 나름의 사정이 있었다. 내가 우리말로 답사를 하면 일본어 통역이 붙어야 하는데 그게 행사 진행상 가능하지 않고, 통역이 붙으면 답사 시간이 두 배로 늘어나는 문제도 있었던 것이다.

그러면 답사를 절반으로 줄이면 되지 않겠냐고 했더니 그것도 안 된단다. 답사 시간이 고작 6분이라 크게 인심 써서 5분 30초나 6분 30초까지는 괜찮다고 했다. 일본 사람들은 이렇게나 시간을 정확히 계획한다. 그들의 표현을 빌리자면 '우주선 스케줄'인 셈이다.

문제는 내 일본어 실력이 그저 일상적인 말을 더듬더듬 하는 수준에 지나지 않는다는 데 있다. 일본에 홀로 떨어져 있을 때 굶어죽지는 않을 만큼만 하는 이른바 '서바이벌 일어'다. 그 수준의 일어로 명예박사 학위의 답사를, 남의 대학 개교 50주년 행사에서 해야 한다니……. 그것도 당장 내일 해야 할 일이었다.

더 이상 좌고우면할 새가 없었다. 바로 긴급 작전회의가 시작되었다. 답사 원고를 우리말로 쓰고 그걸 일본어로 번역한 뒤, 낭독시간을 재서 원고 길이를 수정했다. 그 와중에 감동 포인트도 체크해서 본격적으로 외우기 시작했다.

밤새도록 외우고 낭독 연습을 했지만 막상 행사가 시작되자 진땀이 나기 시작했다. 자칫 말이 꼬이면 엉망이 될 게 뻔했다. 나의 불안은 아랑곳하지 않고 답사 시간은 차근차근 다가왔다. 단상으로 나서니 행사장을 가득 메운 사람들이 보였다. 얼마나 다행인가. 거기 있는 사람들 모두가 그날만 보면 다시는 볼 일 없는 사람들이니 말이다.

그래서였는지 한국에서라면 절대로 가능하지 않았을 배짱이 생겼다. 답사를 시작한 후 1분이 지나자 여유까지 생겼다. 6분이 지나 답사가 끝나자 박수가 터져 나왔다. 착각이 아니라면 분명히 잘했다는 의미의 박수였다.

그날 저녁에는 파티가 있었다. 만나는 사람마다 답사를 잘했다고 인사를 건네 왔다. 심지어 대체 일본어를 어디에서 배웠는데 그렇게 잘하냐고 묻기도 했다. 어젯밤 호텔 방에서 배웠다고 말할 수는 없으니 나는 그저 미소만 지었다.

그런데 일본어는 전날 밤 호텔 방에서 배웠지만, 그날 행사에서 배운 것도 있었다. 살면서 때론 뻔뻔함이 필요하다는 것이다. 다시 볼 일이 없는 사람들한테는 조금은 더 뻔뻔해져도 좋지 않을까. 나쁜 의미의 뻔뻔함이 아니라면 이런 내적인 정당성은 긴장된 상황에서 제법 마음의 여유를 가져다준다. '지혜로운 비겁함' 정도로 생각하면 되겠다. 물론 살면서 다시 볼 일 없을 거라고 믿었던 사람들 중에 꼭 다시 보게 되는 사람도 있다는 건 잊어서는 안 되겠지만 말이다.

## 명지여고의 그늘

해학은 고무칼과 같다.
그것을 쓰면 피를 흘리지 않고 자신의 주장을 관철할 수 있다.

1992년 명지학원 이사장으로 취임한 후, 여기저기 인사 다녀야 할 곳이 많았다. 무엇보다 중요한 것은 학교 직원들을 만나는 일이었다. 현장의 이야기를 들으면서 배우고, 할 수 있는 일과 해야 할 일들을 챙겨야 했다.

그 무렵 명지중고등학교에 큰 변화가 있었다. 남녀공학이던 학교를 남자중고등학교와 여자중고등학교로 분리시키면서 규모가 커졌다. 교사를 채용하고 조직도를 새롭게 꾸려야 하는 일도 컸지만 건물을 신축하는 것은 더 큰 일이었다.

그때 명지여중고의 교장 선생님은 60대 후반의 여자 선생님이셨다. 당시 나는 40대 초반이었으니 그 교장 선생님께는 내가 새파랗게 젊은 이사장이었을 것이다. 사적으로 만났다면 젊은 내가 어른에게 인사도 드리고 많이 배웠겠으나, 이사장과 교장으로 만나는 자리는 다를 수밖에 없었다. 그것도 새로 취임한 이사장과 신축 학교의 신임 교장의 만남이니 여간 부담스러운 게 아니었다.

형식을 갖추느라 열린 간담회에서는 현장의 애로사항에 관한 이야기가 오고 갔다.

"제 마음 같아서는 작은 일부터 큰 사안까지 모두 다 넉넉히 챙겨드리고 싶습니다. 그런데 당장에는 그럴 수 없으니 긴급하고도 특별한 것 한 가지만 말씀을 해주십시오. 그것만은 반드시 들어드리겠습니다."

교장 선생님의 표정에는 당황한 기색이 역력했다. 뜻밖의 제안이었던 듯했다. 특별한 단 한 가지라 하니 가장 중요한 것 중에서 과하지도 모자라지도 않은, 게다가 가장 이로운 것을 청해야겠다고 궁리하시는 듯했다. 나도 교장 선생님의 이어질 말씀을 기대하고 있었다. 그런데 교장 선생님이 신중한 목소리로 한 대답은 상당히 뜻밖이었다.

"나무를 좀 많이 심었으면 합니다."

"나무를요?"

"네, 교정을 새로 만들다 보니 아직 조경이 많이 부족합니다. 운동장만 있고 나무가 적은 상황입니다."

아름다운 교정은 물론 중요하다. 여학교든 남학교든 마찬가지다. 조경은 학교를 아름답게 할 뿐 아니라 아이들의 시간을 아름답게 하기 때문이다. 그러니 당연히 해드리겠다고 대답할 참이었다. 그런데 내 대답을 듣기도 전에 교장 선생님이 대화를 이어나갔다.

"아이들이 운동장에서 쉬기도 해야 할 텐데 나무가 없다 보니 그늘이 없어서 말입니다."

"그런 이유라면 교장 선생님의 청은 들어드릴 수가 없겠는데요."

"네?"

교장 선생님의 얼굴에 당황하는 표정이 역력했다. 새로 취임한 젊은 이사장이 무엇이든 딱 한 가지는 반드시 들어주겠다고 해놓고는 퇴짜를 놓으니 당연한 일이다. 무엇보다 월급을 올려달라든가, 교사들의 복지를 더 신경 써달라는 부탁도 아닌데, 나무를 못 심어주겠다니……. 당황스럽기도 하고 놀라기도 했을 것이다. 아니면 화가 났을 수도 있다.

"그늘이 필요하다니 드리는 말씀입니다. 교육의 궁극적인 목표가 뭡니까? 아이들한테서 그늘을 없애는 거 아니겠어요?"

내 말에 잠시 놀라워하더니, 얼굴이 벌겋게 달아오르시는 게 아닌가. 그러더니 고개를 푹 숙이셨다. 연세 지긋하신 교장 선생님이 젊은 신임 이사장과의 첫 대면에서 긴장한 탓도 있겠지만 선생님은 순진한 분이기도 하셨다.

"아유, 죄송합니다. 제가 미처 그런 생각은……."

그러다가 이렇게 죄송하다는 말까지 할 일인가 생각하시는 듯했고, 나도 더는 참지 못하고 웃음을 터뜨리고야 말았다.

"농담입니다. 나무 심어야죠. 아주 많이 심어야죠."

교장 선생님이 또 고개를 숙이셨다. 이번에는 부끄러움과 웃음을 감추기 위해서였을 것이다.

"대신에 다른 그늘은 안 됩니다. 우리 학교에 그늘은 나무 그늘만 있는 겁니다."

"물론입니다."

교장 선생님의 얼굴이 환해졌다. 당황해서 내 농담을 알아듣지 못한 순간의 그늘이 말끔히 사라진 얼굴이었다.

 그로부터 삼십 년 넘는 세월이 흘렀고 수많은 것들이 달라졌다. 교육정책은 자주 변했고, 그때마다 누구보다 아이들이 휘둘렸다. 교복을 입던 아이들은 사복을 입었다가 다시 교복을 입기도 했다. 남녀공학이었다가 남자중고와 여자중고로 분리되었던 학교는 다시 남녀공학으로 합쳐졌다. 무엇보다 입시정책에 휘둘렸다. 얼마나 고달팠을까. 누군가는 꿈을 키우고 그 꿈을 이루었겠지만 누군가는 상처를 받고 눈물을 흘리기도 했을 것이다.

 그 아이들이 잠시 잠깐이나마 그 고달픔을 내려놓았을 나무 그늘 아래의 벤치도 이제 그만큼 나이를 먹었다. 나무는 아이들의 웃음소리와 한숨소리를 들으며 해마다 더 울창해졌다. 그렇게 그늘도 점점 더 넓어져 갔다. 아이들의 그늘이 아니라 그 아이들의 그늘을 씻어줄 나무의 그늘이었다.

# 서대문구의 외자 이름 총장님들

이름은 단순한 글자가 아니다.
정체성과 사회적 역할의 코드다.

 문화유산국민신탁 김종규 이사장이야말로 축사의 달인이다. 나뿐만 아니라 김 이사장의 축사를 들은 모든 사람은 "축사를 가장 맛깔나게 하는 분"이라 인정하니 말이다. 실제로 이사장이 여러 행사와 기념식, 학술 모임에 참여해 축사를 할 때마다, 듣는 이들은 딱딱한 분위기 속에서도 어김없이 웃음과 깨달음을 동시에 얻는다. 격식에 얽매이지 않으면서도 품위를 지키는 언변, 매끄러운 진행 솜씨, 여기에 누구도 예상치 못한 포인트를 콕 짚어내는 재치가 삼박자를 이룬다.
 김종규 이사장의 재치가 한껏 빛났던 순간 중 하나는

신촌의 한 대학 행사에서였다. 행사장이 조금은 무거운 분위기에 휩싸여 있을 무렵, 이사장이 무대 위로 올라가 축사를 시작했다. 귀를 기울이던 청중은 불과 몇 분 뒤, 예기치 못한 농담 한마디에 폭소를 터뜨렸다.

"서대문구에 있는 대학들은 왜 이렇게 외자 이름 총장님을 좋아하시는 걸까요? 서강대의 박홍 총장님, 연세대의 송자 총장님, 명지대의 고건 총장님, 그리고 이화여대 장상 총장님까지……. 한 구역 안에서 이렇게 줄줄이 외자 총장님들이 계시니, 정말 신기하지 않습니까?"

청중은 이사장의 지적이 사실임을 깨닫고 깔깔거리기 시작했다. "그러네, 왜 진작 몰랐지?"라며 서로 눈빛을 주고받는 사람들도 있었다. 예상치 못한 사실을 재치 있게 꺼낸 덕에, 군더더기 없이 '딱' 맞는 웃음이 행사장에 깔렸다. 이날의 한 방으로 누구도 주목하지 않았던 '서대문구 대학들에는 외자 이름 총장이 많다'는 사실이 시선을 끌게 됐다.

그 후 명지대학교에서는 외자 이름 총장과의 특별한 인연이 이어졌다. 김 이사장이 언급한 고건 총장은 정부의 부름을 받아 국무총리로 영전하셨다. 후임으로 모신 '송자' 박사도 우연의 일치로 외자셨는데, 이게 웬일일까. 송자 총장 또한 교육부총리로 발탁되어 떠나시게 된 것이다. 이쯤 되니 학교에서도 긴급 대책을 논의해야 했다. "이러다 또 새로운 외자 이름 총장님이 오시면 그분도 조만간 행정부나 정부 요직으로 가시는 것 아닐까?" 하는 걱정 아닌 걱정이 터져 나왔다.

결국 명지대는 후임 총장을 모실 때 전략을 바꿔야 했다. "이번에는 이름이 세 글자 이상인 분을 모셔야 한다"는 전략으로 말이다. 그렇게 해서 탄생한 새로운 총장이 바로 선우중호 총장이다. 선우 총장의 성함은 한 글자가 더 많으니 "이번에는 정부에서도 쉽게 빼앗아갈(?) 수 없을 것 같다"며 학교 측이 일제히 안도했다.

김종규 이사장의 축사는 웃음과 더불어 예기치 못한 깨달음을 준다. 사실 축사 하면 대부분의 사람이 떠올리는 이미지가 비슷하다. 행사 무대에서 형식적인 감사 인사와 덕담을 전하고, 뻔한 마무리 멘트로 끝나는 흐름이다. 하지만 김종규 이사장이 등장하는 순간 이런 고정관

념이 산뜻하게 깨진다. 발언은 항상 유쾌하고, 사건 뒤에 담긴 스토리를 곁들이며, 동시에 듣는 이가 자연스럽게 "아, 그러네! 생각지도 못한 부분이네!" 하고 고개를 끄덕이게 만든다.

이사장의 말에는 윗사람의 권위적인 느낌이 거의 없다. 아울러 그분이 건네는 농담 속에는 쓴 소리 같은 조언이나 역설적인 깨달음이 들어 있기도 하다. '형식에 매이지 않되, 기본과 품격은 지키자', '농담을 하되, 들어주는 이들을 더 빛나게 하자' 같은 정신이 녹아 있다. 그분의 축사가 많은 행사에서 꾸준히 러브콜을 받는 이유다.

○

# 가짜 장로에게 주신 하나님의 은혜

종교는 개똥벌레와 같아서
빛나기 위해서는 어둠이 필요하다.

 기독교인으로서 교회의 장로가 되는 것만큼 감사하고 영광스러운 일은 없다. 동시에 그만큼 송구하고 두려운 일이기도 하다. 그러니 기도하는 마음으로 이 영광스러운 직책을 받아들여야 할 터인데, 어쩌다 보니 이것이 나를 불안하게 하고 쩔쩔매게 하는 일이 되어버렸다.

 신일교회에 다닐 때였다. 이광선 목사님이 목회를 맡고 계실 때였는데, 나는 종종 교회 어른들이 모이는 자리에 참석하곤 했다. 아버지가 명지대학교 교회로 옮기시기 전까지 18년 동안이나 그 교회의 장로로 시무하셨기에 나 역시 그 교회가 내 집 같기도 했다. 아버지가 타계하시고

나자 기독교계 어른들이 아버지를 추모하고 명지학원이 계속 기독교 대학으로서의 정체성을 잘 지켜나가도록 독려하는 자리가 마련되었다.

그런데 그 자리에서 아버지와 교분이 두터운 어른 한 분이 불쑥 이런 말씀을 하셨다.

"걱정할 것 없어요. 선대의 신앙을 잘 물려받아 장로 직분을 가진 아드님이니 잘할 거예요."

내가 "아직은 아닙니다"라고 말씀드리기도 전에 다른 분의 인사가 이어지더니 또 다른 화제로 넘어가고, 그러다가 모임이 그냥 끝나버렸다. 그야말로 '어, 어' 하는 사이였다. 모임이 파하는 마당에 내가 일일이 한 분 한 분 붙잡고 "제가 실은 아직 장로가 아닙니다"라고 말할 수도 없었다. 그렇다고 뭐 자랑스러운 일이라고 마이크까지 붙잡고 "아, 아, 알려드릴 일이 있습니다"라고도 할 수 없는 노릇이었다.

그래서 나는 그날 그 자리에서 장로가 아닌데 장로가 되어버렸다. 그 후로 '유 장로'라고 불릴 때마다 실은 그게 아니라는 말을 하기도 하고 하지 못하기도 했는데 그때마다 아주 죽을 맛이었다. 학력 위조라는 게 괜히 생기는 일이 아니구나 싶었다. 일부러 작정을 하고 속이는 사람도 없지는 않겠지만, 막상 겪어보니 정신이 얼떨떨한 사이에 벌어지는 일이었다.

그렇게 시간이 흐르다 보니 '유 장로'라고 불리는 것에 익숙해지자 진짜 내가 장로 같기도 해서 어쩔 때는 실제로 장로인 양 행세하고 있었다. 그러면서 별 탈 없이 시간이 흐르기만을 바라야 할 상황이었는데, 얼마 후 내가 정말로 장로 후보가 되어버린 것이다.

나는 이미 '유 장로'인데 장로 선거에 나간다는 것은 말이 안 되는 상황 아닌가. 게다가 이 선거는 아주 엄격했다. 당선되려면 등록 신도의 3분의 2 이상의 지지를 받아야만 했다. 그래도 안 나갈 수는 없었다. 그 자리가 영광스럽기만 한 자리가 아니라 책임 또한 무거운 자리였으니 내가 응당 소명을 다해야 했고, 그 자리에 내가 맞는 사람인지 아닌지는 하나님께서 판단하실 일이었다. 만일 내가 그 자리에 안 맞는 사람이면 하나님부터 '옛다, 이놈. 장로 사칭범' 하시지 않겠는가.

그런데 놀랍게도 개표 결과를 보니 낙선이었다. 정확히

말하면 당선이 아니었다. 7명의 후보자 중에 3명의 장로를 뽑는 투표였는데 내가 최다 득표를 하고도 3분의 2 득표에는 이르지 못했기 때문이다. 최다 득표는 하나님이 위조를 용서한다는 의미이고, 3분의 2 득표를 달성하지 못했다는 것은 야단맞을 건 맞아야 한다는 의미였던 모양이다.

사정은 이랬다. 투표 방식이 다중투표였는데, 워낙에 1인 1투표에 익숙한 신도들이 그걸 모르고 한 사람씩만 찍었던 것이다. 그러니 3분의 2 이상 득표라는 것이 그 누구에게도 가능한 일이 아니었다. 그래서 투표 방식을 재차 설명하고 그다음 주일에 재투표를 시행하게 되었다.

그런데도 그 주에 벌써 축하를 하는 사람들이 있었다. 최다 득표를 하셨으니 벌써 장로라는 것이다. 이러다간 한 번 위조도 부족해 두 번 위조범이 되게 생겼다. 그다음 주 2차 투표가 있을 때는 차마 내가 그 자리에 있을 수가 없었다. 식구들만 신일교회에 보내고, 나는 그날 주일 예배를 소망교회에서 봤다.

당시 소망교회는 곽선희 목사님이 목회를 맡고 계셨다. 나는 곽선희 목사님의 설교에 은혜 받을 때가 많았는데 그날은 투표는 어떻게 되어가는지 궁금해서 마음이 뒤숭

숭한 나머지 목사님의 설교가 귀에 잘 들어오지 않았다.

그러다가 갑자기 내 정신이 번쩍 들게 하는 말씀을 하셨다. 난데없이 목사님이 서양 고서 이야기를 시작하시는 게 아닌가. 아니, 목사님이 왜 저런 얘기를 하실까? '유영구 이놈, 딴생각하지 말고 이 얘기나 들어라' 하시는 건가? 게다가 목사님이 하신 말씀은 내가 그즈음에 홀딱 빠져서 진행하고 있던 한국 관련 서양 고서 수집과 딱 맞아떨어졌다.

"제가 유학 시절 캠퍼스에서 게러지 세일 하는 걸 본 적이 있습니다. 그때 1불에 판다고 내놓은 책 제목이 제 눈길을 확 끌었는데, 그 책의 제목은 『코리안 게임즈』였습니다. 1895년에 출판된 거라서 백 년도 더 전에 미국 사람이 한국 놀이에 대해서 쓴 책이었으니 얼마나 귀하고 이쁘던지요. 마음이 두근두근하여 1불을 주고 그 책을 샀습니다."

분명 고서 이야기는 그날 설교의 주제와 관련이 있었을 것이다. 하지만 나에게는 앞뒤 말씀은 하나도 들리지 않고 오직 그 책 얘기만 들렸다. 예배 끝나면 당장 달려가서 "목사님, 그 책 저 주십시오" 할 참이었다. 그때부터는 누군가

예배가 끝나기도 전에 먼저 가서 나처럼 책을 달라는 말을 할까 봐 아주 안달이 날 지경이었다. 마침내 예배가 끝났고 나는 곧장 목사님께 달려갔다. 다행히 나보다 먼저 책을 달라고 한 사람은 없었던 모양이다.

곽선희 목사님은 자신에게 달려온 나를 보고 짐짓 놀라셨다. 아마도 설교에 감동하여 찾아온 거라고 짐작하셨을 텐데 따지고 보면 그렇기도 했다. 비록 설교 내용 중 책 이야기 말고 다른 내용은 기억나지도 않았지만, 하나님이 내게 오늘 그 책 이야기를 들으라고 이 교회로 인도하신 것이니 은혜를 입은 건 확실했다. 1차 투표 때 장로에서 떨어지게 하신 것도 이 때문일 거라는 생각마저 들었다. 내가 굳게 믿고 있는 것 중 하나가 하나님은 분명히 유머와 위트가 가득하신 분이라는 것이다. 장로 위조범에게 벌 대신 선물을 주실 만큼, 그것도 이렇게 재미나게 주실 만큼 다정한 분이다.

나는 그날 곽선희 목사님께 그 책을 받기로 약속을 받고, 장로에도 당선되었다. 고맙고 은혜로운 날이 아닐 수 없었다. 재투표까지 해서 당선된 장로 직책에도 축하가 잇

따랐다. 그때마다 나는 속삭이듯 이런 말을 했다.

"너무 크게 축하하지는 말아주십시오. 이미 저를 장로로 알고 계시는 분들이 많거든요."

이 정도 농담은 하나님도 이해해 주실 거라는 걸 안다. 그래서 축하의 자리에서 답사를 해야 할 때 나는 아주 당당히 말했다.

"제가 이제 막 장로가 되기는 했지만, 장로로서 할 일은 벌써 다 했습니다."

다들 내가 또 무슨 우스운 소리를 하려고 저러나 내심 기대하는 표정이었다.

"신도들께서 '저런 사람이 장로가 되는 걸 보면 누군들 못 되겠냐' 하고 생각하실 테니 그게 제일 잘한 일입니다."

내가 신도들의 속마음을 꿰뚫은 것일까. 여기저기서 큭큭 대는 분들이 보였다. 나는 이어서 두 번째로 잘한 일을 말했다.

"저런 사람이 장로가 되었으니 교회의 위기라고 생각한 우리 신도들이 기도를 아주 열심히 할 테니 그게 또 다행인 일입니다."

다들 파안대소하며 즐거워했다. 본의 아니게 나를 장로

사칭범으로 만드셨던 분들, 거기에 동참하셨던 분들의 웃음소리가 들리는 듯했다. 그분들도 마침내 안심하셨을 것이다.

　곽선희 목사님께서는 약속을 지켜주셨다. 목사님 서재의 책더미 속에서 그 책을 찾는 데 시간이 좀 걸릴 거라던 말씀과 달리 정말로 빨리 찾아서 책을 보내주셨다. 그 인연이 신기하고 또 그 은혜가 너무 감사해서 『코리안 게임즈』는 두고두고 내가 가장 사랑하는 책이 되었다.

○
# 합창과 유머로 잇는 다리

하늘과 인간 사이에 놓인,
천사가 피곤할 때조차 감탄하는 갇힌 자의 음성.

'세진회'는 1979년 아버지가 회장으로 취임하시고 1980년 3월 법무부 인가 1호 사단법인으로 등록된 단체로, 교도소 재소자와 가족들을 위한 선교 단체다. 아버지는 '죄인으로 낙인찍힌 사람들과 그 가족들에게 복음을 전해야겠다'는 마음 하나로 단체를 만들기로 결심하셨다. 그때 나는 세상 물정 모르는 철부지였기에 아버지의 깊은 뜻을 이해하지 못한 채 '왜 남 좋은 일에 저렇게 몸 바치실까' 싶었다. 그런데 지금 보니 아버지는 노아의 방주를 띄우고 계셨던 것이다.

"우리는 유람선 타는 손님이 아니라 노아의 방주를 함

께 끌고 갈 사람이다."

아버지는 늘 이런 말씀을 해오셨다. 하지만 젊은 시절 나에게는 그 말이 영 귀에 꽂히지 않아서 어쭙잖은 질문을 하곤 했다.

"유람선이면 더 좋지 않나요?"

"배 안의 생명들을 생각해야지. 교도소에 있든 집에서 쫓겨났든 다 사람이잖니?"

나는 그 말씀도 이해를 못해서 '아버지는 정말 이상한 배려만 하신다'면서 속으로 투덜거렸다.

한때 아버지께 오토바이를 사달라고 떼쓰던 때가 있었다. 호기와 치기가 넘치던 시절이었다. 아버지는 단호하게 안 된다고 하셨다. 그러면서 정작 전과 7범에게는 명지대 뒤켠에 구둣방을 차려주시고 오토바이를 사주셨다.

"아버지, 제가 사달라고 할 때는 단칼에 거절하시더니 구두 수선 아저씨는 왜 사주신 거예요?"

"그분은 발품 팔아 생계를 이어가는 분이다. 오토바이가 없으면 안 되는 상황이야."

그때 난 그런 아버지의 깊은 마음을 제대로 이해하지

못했다. 아버지가 조금 특별한 사랑을 베풀었다는 사실은 나이가 든 후 뒤늦게 알게 되었다.

사실 아버지는 교회와 교도소, 소년원을 오가면서 비행청소년과 재소자 가족을 보살피셨다. 그러면서 1979년부터 10여 년 동안 세진회 이사장을 맡으셨다. '지극히 작은 자를 보살피라'라는 예수님의 말씀에 충실하고자 함이었다. 그 이후 전국 54개 교정시설과 11개 소년원 그리고 아동보호 시설 두 곳을 돌보며 재범 방지를 위한 노력도 하셨다.

그 무렵 나는 세상 이곳저곳을 기웃거리면서 그저 주어진 일에 휘둘리며 사느라 정신이 없었다. 그런데 지금 보니 아버지와 세진회가 걸어온 길이 참 고맙다. '고마운 길'이라는 표현이 좀 어색하게 들릴 수 있겠지만 나로서는 그 표현이 가장 알맞다.

그러다가 1998년 IMF 무렵 나는 '세진음악회' 준비위원장을 맡게 되었다. 교도소 재소자 합창단이 세종문화회관이나 교회에서 하는 공연인데 굉장히 특이했다. 하지만 IMF 때라 관객석 분위기는 돌덩이만큼 무거웠고, 무대 위 수감자들만 밝게 웃고 있었다. 평소 접할 수 없는 광경이었지만 공연이 시작되자 예술과 복음이 어우러진 감동은 객석을 가득 메웠다.

이듬해에도 세종문화회관에서 음악회를 열었다. 한창 이슈였던 대도(大盜) 조세형 씨가 팸플릿을 나눠주면서 반성하고 새 삶을 살겠다고 다짐하던 모습도 인상적이었다. 주변에서는 "교도소 합창단이 이렇게까지 마음을 흔들 줄 몰랐다"라는 말들을 해주었다. 사실 이 합창단 이야기는 입소문을 타면서 여성 재소자들의 합창단 활동을 다룬 영화 <하모니>의 모티브가 되었다. 청주여자교도소 이야기를 다룬 영화였는데, 똑같지는 않아도 수감자가 무대에 올라 노래한다는 설정은 세진회 음악회와 닮았다. 그 영화가 흥행하면서 세진회의 사역도 덩달아 알려졌다.

그렇게 30년 넘게 꾸준히 음악회가 열렸고 2024년에는 41회째를 맞았다. 요즘도 공연장 예약이 쉽지 않은데, 새로 취임한 세종문화회관 안호상 사장이 선뜻 공연장을 내주셨다. 나는 각별히 감사의 뜻을 전하며 저녁이라도 대접하고 싶다는 인사를 건넸더니 한사코 사양하셨다. 알고 보니 안호상 사장은 나보다 훨씬 더 농담꾼이었다.

"이사장님, 제가 야간업소 사장인데 술을 못합니다."

"괜찮습니다. 저는 공부를 안 했지만 대학 이사장을 했습니다."

농담 덕분에 2024년 11월 세종문화회관에서 열린 세진음악회도 성황리에 끝날 수 있었다.

세진음악회가 지금까지 잘 이어져 올 수 있었던 데는 '호통 판사'로 알려진 천정호 판사 같은 분들이 재소자들을 교정하고 소년 재판부터 지원해 준 덕이다. 천 판사는 1만 2천 명의 청소년을 재판해 오셨다. 재범률을 낮추려면 따뜻한 품이 필요하다는 걸 강조하셨다. '보호소년 축구단'과 '사법형 그룹홈'도 직접 만드셨다. 그 연장선에서 세진회가 만든 재소자 합창단도 인가를 받았다. 이 역시 뜨거운 교정 사랑이 만든 결과다.

아버지가 말씀하시던 '노아의 방주'는 결국 이런 모습이 아니었을까. 범죄와 소년비행 등으로 세상에 버림받은 이들에게 다시 손을 내미는 배. 그 배에 탑승한 사람 중 누군가는 새 삶을 찾고 또 다른 누군가는 더 큰 도전에 부딪히기도 할 것이다. 하지만 아버지는 도중에 내민 손을 거두어들이지는 않으셨다. 전과 7범인 구둣방 사장님께도 선뜻 오토바이를 사주셨으니 말이다. 오래전 내가 오토바이를 사달라고 징징대던 기억이 부끄럽게 느껴졌다.

이제 와서 이 이야기를 꺼내는 것은 아버지가 써 내려간 이야기를 내가 이어 쓸 차례이기 때문이다. 세진회도 어느덧 60주년을 맞았고 나도 이사장직을 맡았으니 그냥 포기할 수도 없지 않겠는가. 역대 이사장님들이 모두 화려한 경력과 존경할 만한 인격을 가지신 분들이라 나와는 비교 불가였다. 누군가 축하인사를 하면 "제가 이사장에 걸맞은 한 가지 경력이 있다면, 저는 몸소 그 현장을 다녀왔다는 거지요" 하고 겸연쩍게 웃었다. "교도소 합창단 따위가 무슨 의미냐"며 회의적으로 묻는 이도 있겠지만, 실제로 이 합창단 공연장은 지난 40년간 누군가의 인생을 바꿔왔다. 한때 대도라고 불리던 사람도 세진회에서 새 출발을 선언했고, IMF로 생계가 막막해진 시민들은 재소자의 노래를 들으며 잠깐이라도 웃음을 지었다.

앞으로도 세진회는 인생이 바닥에 떨어졌다고 느끼는 이들을 위해 무언가를 해나갈 것이다. 지금도 카페를 만들고 공유 주방도 열어서 소년원 출신이나 전과자들의 자립을 돕고 있다. 물론 매년 열리는 세진음악회도 계속 그들의 무대가 될 것이다. IMF 때처럼 관객이 한숨을 짓든, 아니면 코웃음을 치든 간에 그들은 무대 위에서 환하게 웃으며 아름다운 화음을 들려줄 것이다.

"너는 농담이 과하니 항시 조심하거라."

아버지의 잔소리가 또 귀에 맴돈다. 하지만 아버지도 언젠가는 "농담이 삶을 지탱해 준다"고 하셨다. 세진음악회도 그렇게 농담과 눈물이 뒤섞여야 재미가 나지 않겠나. 돌이켜 보면, 내 인생의 배가 노아의 방주였다고 표현한 건 아버지다. 그 배가 무탈하게 여기까지 올 수 있었던 건 내 능력이 아니라 지극히 작은 자에게 성심껏 손 내밀며 웃어주던 많은 분들 덕분이라는 걸 이제는 알고 있다.

혹시 이 글을 읽는 분들 중 누군가는 오토바이 사달라고 투정 부리던 나처럼 "왜 나에게만 배려가 적은가" 하고 서운해 할 수도 있다. 그렇다면 그 마음부터 달래고 싶다. 아버지의 그 특별한 사랑이 더 널리 세상을 따뜻하게 해준다면 노아의 방주에 더 많은 사람이 승선할 테니 말이다.

살아보니 어차피 인생은 유람선이 아니었다. 언제 광풍이 몰아칠지 모르는 파도 위에서 다 함께 건너야 한다. 그 길에서 내가 웃겨주든 울려주든 간에 누군가에게는 작은 디딤돌이라도 되기를 바라는 마음이다. 아버지는 "두려움

탓에 웃음을 잃지 말라"라고 말씀하셨다. 앞으로도 세진회를 통해서 그 웃음을 널리 전달해 보고 싶다. 벌써 다음 공연이 기대된다. 그때도 내 농담이 별로 근사하진 못하겠지만, 그래도 잠깐이라도 누군가의 웃음을 끌어낸다면 괜찮은 인생 아니겠나.

○
# 일본의 양심

그의 양심선언은 단 한마디였지만
그 울림은 산과 바다를 건너 들렸다.

1995년 무렵, 일본에서는 패전 50주년을 맞이해 이런저런 말들이 많았다. "과거사에 대한 반성은 이미 충분하다"는 이도 있었고, "이미 끝난 얘기니 꺼내지 말자"는 목소리도 만만치 않았다. 그런데 그 즈음에 메이지가쿠인대학의 나카야마 히로마사 총장이 이 대학 강당에서 지식인 양심선언을 했다. 선언의 제목은 "전쟁 책임과 전후 책임에 대한 고백"이었다.

그의 선언은 일본 언론과 극우 단체를 발칵 뒤집어놓았다. 누군가는 그를 "배신자"라고 했고, 누군가는 "용감하다"고 했으며, 또 누군가는 "이제야말로 말할 때가 됐다"

며 지지를 보냈다. 그러든 말든 나카야마 총장은 단호했다. 혹독한 비난에도 그는 2010년 발표된 '한일 지식인 공동성명'에도 참여해 1910년의 한일병합조약이 불법임을 인정하고 사과의 뜻을 표명했다. 나카야마 총장이 전쟁과 식민지배의 책임을 고백하자, 일본 극우 단체들은 연일 성명을 냈다.

"총장을 시해하겠다."

"대학 강당을 통째로 불태워 버리겠다."

일본정부도 손 놓고 있을 수만은 없었는지, 그에게 상당 기간 총리에 준하는 수준의 경호를 붙였다고 한다.

나는 이분을 직접 만나 한국으로 초청하기로 마음먹었다. 초청 의사를 전하고 메이지가쿠인대학을 방문했다. 간 김에 도대체 어떤 분위기에서 그런 '양심선언'이 터져 나왔는지 직접 확인해 볼 작정이었다.

도쿄 한복판에서 살짝 벗어난 대학 캠퍼스에 들어서니, 고풍스러운 건물이 눈에 띄었다. 안내하던 스태프는 자부심 가득한 얼굴로 "이 강당은 문화재로 지정된 곳이랍니다"라고 알려주었다. 이곳에서 저 유명한 선언이 울려 퍼졌다고 생각하니, 마음 한편이 묘하게 울렁거렸다.

내가 "한국으로 와서 좀 더 자세한 이야기를 들려주시면 좋겠다"고 제안하자, 나카야마 총장은 바로 "좋다, 초청에 응하겠다"고 화답해 주었다. 그걸 계기로 대학 교수 50여 명과의 간담회 자리가 만들어졌다. 감사한 일이었지만 난 엄청 긴장하지 않을 수 없었다. '그래도 명문 사립대학 교수들이라는데. 이분들 앞에서 한국 사람으로서 무슨 질문을 받을지, 또 어떻게 답해야 할지……' 온갖 생각이 머릿속을 휩쓸었다.

간담회의 시작 분위기는 의외로 편안했다. 작은 환영사가 끝나고, 본론으로 들어갔다. 한 교수가 손을 들며 독도를 언급했다. 시작과는 다른 긴장의 순간이었다.

"저는 독도가 일본 것인지 한국 것인지 별 관심이 없습니다. 다만 일본과는 대조적으로 한국에서의 반응은 너무 감정적이라서, 뭔가 말만 나오면 화부터 내고 보는 느낌이 있거든요. 조금 더 이성적으로 대처해야 하지 않겠습니까?"

솔직히 말해, 이 질문은 생각보다 날카로웠다. 자칫하면 '역시 한국인은 욱하는 민족'이라며 몰아갈 수도 있는 그런

함정 같은 느낌이었다. 어떻게 대답해야 할지 고민하면서 등에서는 식은땀이 났다. 하지만 티를 내지 않고 침착하려고 무진 애를 썼다. 그리고 최대한 편안한 얼굴로 대답을 시작했다.

"교수님들 중 자기 집을 갖고 계신 분도 있을 거고, 전세나 월세로 사시는 분도 있을 겁니다. 자가를 소유했다고 해서 매일 등기권리증을 꺼내보진 않겠죠. 그런데 어느 날 옆집 사람이 불쑥 와서 '당신 집은 사실 내 소유'라고 주장하면, 과연 이성적으로 '그래? 그럼 어디 한번 등기를 떼볼까?'라고 여유 부릴 수 있을까요? 일단 화부터 나지 않겠습니까?"

그러자 교수들 사이에서 웃음이 삐죽 나오더니 "흠, 그것도 그렇겠네"라며 고개를 끄덕이는 이들이 보였다. 나는 슬쩍 미소 지으며 한마디 덧붙였다.

"독도에 대해 한국이 화부터 내는 이유도 사실 그거죠. 너무 당연한 걸 두고 옆에서 '내 거다'라고 우기면 누구든 발끈하기 마련이니까요. 독도의 소유권 주장과 관련해서는 자연스러운 반응이라고 봐야겠지요."

생각보다 반응이 괜찮았다. 누군가 헛기침을 했고, 누군가는 "들어보니 그런 면이 있긴 하네"라고 했다. 나는 그제야 긴장을 조금 풀고 물 한 모금을 들이켰다. 그 순간 또 다른 교수가 손을 들었다. 이번에는 주한 미군 얘기였다.

"일본에서도 오키나와에 미군이 주둔 중인데, 우리는 시민들이 철수 시위를 벌일 만큼 미군이 꼭 필요하다고는 보지 않습니다. 그러나 한국은 분단된 상태이고 바로 코앞에 세계에서 가장 위험한 집단과 대처하고 있음에도 불구하고 미군 철수를 외치는 사람들이 있더라고요. 솔직히 잘 이해가 안 됩니다."

여기가 간담회가 맞긴 한데 왠지 '시험' 보는 기분이었다. 그래도 침착하게, 이번에도 살짝 농담을 섞어 답했다.

"세계 어디를 가든 반미와 친미 성향을 가진 사람들은 존재합니다. 한국에서도 대부분의 국민들은 미군 주둔이 전쟁 억제를 위해 중요하다고 인식하고 있습니다만, 반미를 외치는 사람들도 일부 있기 마련입니다. 미국의 무기구매와 방위비 분담금 협상 과정에서 한국이 과도한 비용을 부담한다는 생각과 심심치 않게 일어나는 주한 미군 병사들의 탈선행위가 반미 감정을 일으키는 것 아닐까 합니다. 근데 다른 한편으로는 나가라고 하면 더 눌러앉는 세입자의 심리를 자극하는 표현일 수도 있지 않을까요?"

'집주인 vs 세입자'라는 비유에 교수들이 또 허허 웃었다. 누군가는 "오키나와가 딱 그렇다니까요"라며 맞장구를 쳤다.

어쨌든 이 두 가지 민감한 질문을 그렇게 '농담 반, 진담 반'으로 풀어나가니 분위기가 한결 누그러졌다. 소통이란 게 참 묘하다. 사실 그대로 설명하면 오히려 뻣뻣해질 수도 있는데, 살짝 빗겨서 공감대를 만드는 게 더 효과가 있다. 뼈 있는 농담이라고나 할까. "이럴 때 한국인은 이렇게 반응한다"는 걸 일상적인 비유로 보여주니, 그들도 고개를 끄덕일 수밖에 없었다.

간담회를 마치고 나니, 한 교수님이 다가와 "오늘 이야기 흥미로웠습니다. 곧 한국에서도 이런 대화를 나눌 기회가 있을까요?"라고 물었다. 나는 "바로 그 이유로 제가 총장님을 초청하러 왔습니다"라며 웃었다.

실제로 1997년 5월, 나카야마 총장은 한국 땅을 밟았다. 서울에서, 지방 도시에서, 연달아 강연이 열렸다. 대부분은 "일본이 과거를 잊고 싶어 하는 건 알겠지만, 그럴수록 상처가 더 깊어진다"는 내용이었다. 무대 위에서 그는 너무도 차분한 목소리로 "한일병합조약은 불법이고, 일본은 이를 인정해야 하며 사죄해야 한다"라고 다시금 분명히 말했다.

그의 태도는 대단히 담백했다. 감정적 호소도, 억지스러운 미화도 없었다. 뭔가 열심히 가르치겠다는 느낌이 아니라, 그냥 본인이 믿는 바를 조곤조곤 털어놓는 식이었다. "책임을 회피하는 순간부터, 그 책임은 점점 무거워진다"는 그의 진솔함이 더 큰 울림을 준 것 같았다.

내가 다시 떠올리는 장면은, 그가 대학 강당 무대에서 여유롭게 몸을 곧추세운 뒤 천천히 고개를 들던 순간이다. 일본에서 그렇게 무차별적인 위협을 받았음에도, 한국에 와서도 같은 말을 반복하는 자신감이 어디서 나왔을까. 어쩌면 이 사람은 '양심'이라는 기둥 하나로 버티는 것인지도 모른다. 그 양심 앞에서는 극우의 위협도, 여론의 따가운 시선도, 심지어는 목숨의 위협까지도 바람 같은 것일까.

아마도 앞으로도 독도 문제든 주한 미군 문제든 이런저런 갈등이 계속될 수 있다. 어느 쪽이 더 잘못했느니, 누가 더 손해를 입었느니 따질 수도 있고, "너희는 왜 화부터 내느냐"는 핀잔이 오갈 수도 있다. 하지만 적어도 이 간담회에서, 그리고 나카야마 총장의 한국 방문에서 나는 작은 희망을 봤다. '뼈 있는 농담' 하나, '솔직한 인정' 한마디가 맺힌 응어리를 어느 순간 조금씩 풀 수 있다는 것을.

# 6장

■

## 1평 살이

삶의 고통에 이유는 없지만
의미는 있더라

○

# 고난은 극복하는 것이 아니라
# 통과하는 것이다

사방은 칠흑같이 캄캄했다.
마치 정직한 정치가의 앞날처럼…….

나는 오랫동안 수형생활을 했다. 그렇게 되기까지 하고 싶은 말도 많고 해야 할 말도 많지만, 이제 와 어떤 말을 해도 변명처럼 들릴 것임을 잘 안다. 그동안 나는 요직에서 때로는 내 힘에 부치는 자리에서 과분한 중책을 맡아 조직을 이끌곤 했는데, 그런 세월이 그토록 오래였음에도 여전히 실수투성이였던 모양이다. 무탈하게 살아왔던 삶의 관성이 큰 실수를 알아차리지 못하게 했을 수도 있다. 영월에서의 시간은 하나님께서 내게 무릎을 꿇고 아주 낮은 자세로 반성하라고 내리신 징벌이자, 다시 한번 새 삶을 살 수 있게 해주신 기회였다고 믿을 뿐이다.

뜻하지 않게 수형생활을 시작하기는 했으나, 어쨌든 삶은 이어져야 했다. 참회하는 일이 고행으로만 이루어질 리는 없다. 나를 위해서도 그렇지만 내 가족과 지인들을 위해서도 그러했다. 감옥 역시 또 다른 사회라 새로운 지인들이 그곳에서도 생겨날 터이니 그들을 위해서라도 그러할 것이다.

구치소에서 첫날밤을 보낼 때는 눈앞이 캄캄하고 벼랑에서 바닥으로 떨어지는 듯 절망적이기도 했다. 하지만 다른 한편으로는 감옥도 사람 사는 곳이고 시간이 흐르는 곳이니 어떻게든 살아질 것이라는 생각도 들었다. 그렇게 마음을 추스르고 보니 가만히 앉아 참회하고, 후회하고, 분개하면서 시간을 보내서는 안 될 일이었다. 이럴 때일수록 마음먹기가 중요하지 않겠는가. 그러고 보니 괜찮은 것들도 없지는 않았다.

이튿날, 아내와의 면회가 있었다. 옥에 갇힌 늙은 남편을 바라보는 아내의 심정이 오죽하겠는가. 밤새 얼굴이 많이 축난 아내의 얼굴을 바라보고 있자니 내 마음도 아팠다. 미안하다는 말과 위로의 말부터 해줘야 할 것 같았다.

"내가 말이야."

나의 말 한마디라도 놓치지 않으려는 듯 슬픔에 찬 아내의 눈빛이 반짝반짝했다.

"내가 평소에 기도를 아주 열심히 했어."

아내가 고개를 크게 끄덕였다. 나의 부실한 신앙이야 모를 리 없고 이렇게 감옥에까지 들어오기는 했으나 내 기도만큼은 하나님 앞에 부끄럼이 없다는 것을 아내만큼 잘 아는 사람도 없을 것이다. 아내가 응답했다.

"당신 기도 내가 알지요. 하나님이 다 들어주실 거예요."

"응, 벌써 들어주셨어."

아내는 두 눈을 크게 뜨고 날 쳐다보면서 한동안 말을 잇지 못했다. 도무지 무슨 말인지 모르겠다는 표정의 아내에게 나는 기어코 말하고야 말았다.

"여자들 잔소리 없는 곳에 있게 해달라고 그렇게 기도를 했더니, 그 기도가 너무 열심이었나 봐. 잔소리는커녕 얼굴도 볼 수 없게 기도를 들어주셨네."

순간 아내의 상체가 튕기듯 내 앞으로 다가왔다. 한 대 때려주고 싶었던 게 분명했다. 아내의 얼굴에는 이내 잔잔한 웃음이 번져나갔다. '이 늙은이 아직 죽지 않았네. 여기서도 이렇게 실없는 소리를 하고 있는 걸 보니⋯⋯. 어쨌든 안 죽고 잘 살겠네.' 그때 아내의 마음은 이랬으리라. 조금은 안심하는 듯한 아내의 표정을 보고 그제야 나도 좀 더 웃으며 말할 수 있었다.

"너무 걱정하지 마. 하룻밤 있어 보니, 여기도 사람 사는 데 같네. 먹고 자고 씻고 뭐 호텔과 다를 것도 없다 생각하려고."

아내의 얼굴이 다시 애잔해졌다. 오죽하면 감옥을 호텔이나 다름없다고 생각할까 싶었던 모양이다. 조금 전의 미소가 사라지고 본격적으로 눈물이라도 흘릴 기세였다.

"근데 뭐, 딱 한 가지, 다른 건 있네."

"그럼요, 그럼요. 왜 아니겠어요."

뭐든 불편한 걸 말해주면 알아보고 애써보겠다고 말하려는 모양인데, 아내의 그런 말이 이어지기 전에 내가 먼저 말했다.

"여긴 체크아웃이 내 맘대로 안 되네."

아내가 다시 몸을 일으켜 내 앞으로 다가왔다. 이번에야말로 한 대 쥐어박을 태세였다. 나는 웃었다. 그렇게 웃고 있으면 아내의 마음도 조금은 덜 아플 것 같았다. 내 수형생활의 첫날은 그렇게 흘러가고 있었다.

   나는 수형생활이 나만의 고통이고 견디기 힘든 고난이라 생각했다. 그러나 가만히 생각해 보니 밖에 있는 가족들이 이제까지와 다른 이웃들의 차가운 시선과 서먹한 태도로 인해 받았을 충격이 안에 있는 내 고통보다 훨씬 컸다는 걸 깨달았다.

김장환 목사님 座案下

항상 베풀어 주시는 肉親 같은 사랑과 기대에 부응
하지 못하고 크나큰 심려를 끼친 저의 처신을 길이
길이 뉘우치면서 뵙고 싶은 마음 간절하여 감히 펜을
들었습니다.

삼가 엎드려 문안 올립니다.
안녕 하십니까!
목사님의 근황과 활동은 멀리온 家族과 知人 그리고
그밖의 뉴스매체를 통해 익히 알고 있습니다.

저는 지난해 연말에 서울에서 이곳 寧越로 이감된 후
다시 세상에 나가기 까지는 이곳 신세를 져야 될 것
같습니다.
환경과 시설도 좋고 직원들도 친절해서 견딜만
합니다.
수감 후에 심장수술로 한때 고초를 겪었지만 지금은
회복되어 건강도 많이 좋아졌습니다.

信仰과 튼튼한 마음의 도움으로 날마다 自省하고 회개
하는 마치 修道士와 같은 나날을 보내고 있습니다.
아차! 修道士는 죄인이 아니지만 저는 죄인이지요.

2.

그리고 再活의 그날도 잊지 않고 있읍니다.
루터의 金言이 항상 저에게 용기를 주고 있읍니다.

제가 있는 이곳 영월 땅은 예부터 만산지중(萬山之中)이라 일컫는 산골이지요.
밤에 자다가 문득 시편 말씀이 생각났습니다.
"고난 당한 것이 내게 유익이라. 이로 말미암아 내가 주의 율례들을 배우게 되었나이다."
바로 제 모습 같습니다.

존경하는 목사님과 宅內의 萬安을 기원하면서 이만 붓을 놓습니다.
내내 평안 하시고 多幸福 하소서

세상에서 다시 빛을 낼 날을 기다리면서
2014. 4. 12.
유 영 구 革命兒3

○
# "어쩌다 오셨어요?"

법이 무서운 것은<br>그것이 무법적인 권력을 가졌기 때문이다.

하나님을 믿는 사람으로서 내게 가장 중요한 것은 나의 죄를 고백하는 것이다. 매일매일 기도하는 것은 내 욕망을 이루고자 함이 아니라, 내 죄를 들여다보고 또 들여다봐야 하기 때문이다. 그리스도께서 십자가를 지어 대속하셨던 우리 모두의 죄, 그중에서도 나의 죄를 고백하고 참회하기 위해 매일매일 두 손을 모아야 하는 것이다.

영월에 오기 전까지는 스스로 무탈한 삶을 살아왔다고 믿었으며, 그 모든 것이 다 하나님 은혜라고 믿었다. 하지만 감사하고 기뻐하는 마음이 너무 앞서서 죄를 고백하는 것을 게을리 했던 모양이다. 나도 모르는 사이에 교만하고 자만했다는 것을 영월에 이르러서야 깨달았다.

"어쩌다 오셨어요?"

영월에서는 서로에게 거기까지 이르게 된 사연을 이렇게 묻는다. 얼핏 들으면 별 뜻 없는 순한 말 같지만 결국 '무슨 죄를 지었냐'는 질문이다. 대답은 사람마다 다를 것이다. 억울하다고 말하는 사람도 있을 것이고, 지은 죄를 다 들킨 건 아니라서 그나마 다행이라고 생각하는 사람도 있을 것이다. 그곳에는 정말로 많이 억울한 사람도 있고, 오직 불운했던 사람도 있고, 절대로 그런 곳에 이르러서는 안 될 것 같은 선한 사람도 있다. 반면 본인은 아무리 아니라고 우겨도 누가 봐도 사기꾼이고 나쁜 사람도 있다.

바깥세상이나 그 안의 세상이나 다를 바 없이 사람들은 거짓말을 하고, 스스로를 속이고, 억울해하고, 화를 못 이긴다. 나도 마찬가지였다. 기도의 힘이 없었다면 아마도 다른 사람보다 더 나빴을지도 모를 일이다. 어쩌다 여기까지 오게 되었냐는 물음이 하나님의 질문과 다를 바가 하나도 없다는 것을 깨달은 것 역시 기도의 힘이 아닐 수 없다.

"너의 세상에서 너는 무엇을 하다 왔느냐?"

언젠가 하나님의 나라에 이르러 그분을 만나는 날, 그분께서 내게 하실 첫 번째 질문은 바로 이와 같을 것이다. 나는 벌써 두렵다. 그때에 이르러서야 내 삶의 부끄러움을 깨닫고 참회한들 무슨 소용이 있겠는가. 그러니 영월에서의 그 질문은 하나님께서 당신과 만날 순간을 대비하도록 하시는 게 아닐까 하는 생각이 들었다. 그래서 "어쩌다 오셨어요?"라는 질문을 받을 때마다 나는 하나님이 하실 질문에 대한 답을 미리 떠올려보곤 했다.

'부끄럽게 살았습니다. 교만했습니다. 할 수 있는 선한 일들이 아주 많았는데 못했습니다.'

그러나 은혜로운 하나님께서 내게 잠시라도 변명을 허락하신다면 이런 대답은 가능할까?

'웃으려고 노력했습니다. 많이 웃으려고 했고, 혼자 웃지 않고 같이 웃으려고 했습니다. 사람들이 웃는 게 보기 좋았고, 제가 그들과 같이 웃는 순간이 좋았습니다. 제가 허튼 농담이나 좋아하는 사람이었는지는 모르겠습니다. 당신을 만나기 전에 차곡차곡 기억하고 싶은 것이 괴로운 일이나 뜨거웠던 일 대신에 이렇게 하찮은 농담들인 것을 보면 제가 그렇게 가볍게 살았다는 증거인지도 모르겠습니다.

  그러나 당신이 조금이라도 편히 들어 올려주실 수 있도록 기왕이면 가볍게 살려고 했습니다. 속에 든 것이 없어 가벼운 게 아니라, 제 속에 채운 게 웃음과 즐거움이라 그래서 가벼운 것이었으면 했습니다.'

  하나님 앞에서 하는 이런 참회까지도 농담처럼 할 수는 없을까. 씨익 웃으며 말씀드릴 수는 없을까. 그러려면 잘 살아야 할 것이다. 더는 너무 부끄럽지 않게 살아야 할 일이다.

○
# 슬기로운 나의 영월 생활

 영월에서 바깥세상으로 나와 보니 눈에 띄는 드라마 한 편이 있었다. <슬기로운 감빵생활>이라니. 슬며시 웃음이 났다. 도대체 수감자들의 이야기가 어떤 재미와 감동을 주길래 이렇게 화제인 걸까 싶었다. 관련 내용을 찾아보니 불운한 사고에 휘말린 야구선수가 감옥 생활을 하게 되면서 겪는 이야기를 담고 있는 게 아닌가. 야구선수가 주인공인 것도 내 관심을 끌었다.

 게다가 감옥도 사람 사는 곳이니 이런저런 사건 사고들이 일어날 테고, 그러다 보면 웃음이 터질 일도 있고 소소한 감동을 줄 때도 있을 것이다. 내심 궁금하기도 했지만 그 드라마를 보지는 않았다. 영월 생활을 다시 환기하고 싶지 않아서가 아니라 그 드라마의 제목 때문이었을지도 모른다.

'수감생활 동안 슬기롭기로 치자면 나한테 견줄 사람이 없을 텐데 대체 얼마나 슬기롭게 감빵생활을 했다는 거지?' 마치 드라마 속 연기자들을 질투라도 하듯 혼자 샐쭉해졌다. 물론 어디까지나 웃자고 하는 소리다. 실은 그 드라마의 제목을 보면서 나의 시간을 반추해 보았다. 가장 먼저 드는 감정은 감사함이다. 어떤 이유로 들어가게 되었든 옥중생활은 고난인데 그 힘겨운 시간을 견딜 수 있게 해준 것은 하나님의 은혜이기에 슬기로움을 주신 하나님께 감사하는 마음뿐이다. 그분이 내게 미친 은혜는 웃음이다. 죄인도 우는 죄인보다 웃는 죄인이 더 낫지 않겠나. 대신 뻔뻔하지 않게 웃을 일이다.

영월은 수형자들이 있는 사동이 운동장을 둘러싸고 있어서 자기 방에서 운동장을 내다볼 수 있는 사람들이 꽤 있다. 그런데 내가 운동을 꽤 열심히 했던 모양이다. 면회 대기실에서 만난 누군가가 나에게 이렇게 물었다.

"유 선생은 운동을 뭐 그리 열심히 하오?"

잔뜩 풀이 죽어 보이는 이가 묻길래 나는 속삭이듯이 답했다.

"체력 훈련 열심히 해서 담을 넘으려고요."

대기실 여기저기서 웃음이 터졌다.

"나도 앞으로 운동 열심히 해야겠소."

내 말에 맞장구치는 사람까지 생기면서 대기실 분위기가 갑자기 환해졌다.

대기실에서 면회를 기다리다 보면 종종 아는 얼굴들을 만나곤 한다. 형이 확정된 후에도 항소가 진행 중인 사람들이 있어서 면회실에서의 대화는 대개 재판 과정에 관한 것이다. 각기 다른 일로 그 안에 있기는 해도 재판은 모두에게 관심이 가는 일이라 대화는 진지했고 심각했다. 때로는 분에 찬 목소리도 들리고 탄식하는 목소리도 들렸다.

그곳에 있는 사람들은 대부분 억울함을 토로한다. 실제로 억울한 일을 당했든, 심정이 그러하든 간에 다들 한 덩어리씩 가슴속 멍울이 있기 마련이다. 나는 그렇지 않았다고 말하면 그것도 교만일 터. 그러나 앞서 말하지 않았나, 슬기로워야 한다고 수많은 사람들의 억울한 사연을 들을 때마다 한 번쯤은 이렇게 말하고 싶었다.

"죄지은 사람은 나밖에 없으니 난 나가야 할 것 같소."

물론 그런 말을 입 밖으로 내서는 안 될 일이다. 그랬다가는 한 대 얻어맞지는 않더라도 미운털은 박힐 테니 말이다. 그래서 몰래 생각하고 몰래 웃었다.

"유 선생은 어찌 그리 매사 슬기로우십니까?"

간혹 내게 이렇게 물어오는 수감자들이 있었다. 그때마다 나는 똑같은 답을 했다. 사실 한 가지밖에 더 있겠는가.

"내가 아직 철이 안 들어서 말이죠."

농담처럼 답했지만 실은 슬기로워지기 위해 꽤나 노력했다. 그러면서 나 자신을 위로하기도 했다. 비록 큰 죄를 지어 영월 생활을 하게 되었지만, 그래도 그 일로 인해 나를 원망하는 사람보다는 나를 안타깝게 여기는 사람들이 더 많다는 것이 내게 큰 위로가 아닐 수 없었다.

무엇보다 개인 착복이 있었다면 분명 단 한 푼이라도 추징금을 냈어야 할 텐데, 그런 것이 전혀 없었다는 것도 내게는 큰 위안이었다. 그리고 나를 찾아왔던 수많은 사람들. 그 먼 영월까지 와서 나를 위로하고, 내게 웃음을 주고,

내게 다정한 말을 건네주었던 사람들 덕분에 나는 슬기롭게 생활할 수 있었다.

나는 형기를 마치고 집에 돌아가려 해.

과연 내가 쓸모 있는 사람인지 잘 모르겠어.

_토니 올랜도 앤 던(Tony Orlando and Dawn)의 노래

「Tie A Yellow Ribbon Round The Ole Oak Tree」 중에서

○

## 어떤 위로

"유 선생님은 역대급입니다."

어느 날 교도관 중 한 명이 나의 면회 횟수를 두고 역대급이라며 놀라워했다. 그 정도로 많은 분들이 나를 염려하며 그 먼 곳까지 찾아와주었다. 그 기록이 자랑스러운 것은 면회객의 숫자 때문이 아니라 다양함 때문이었다. 친구와 후배부터 온갖 분야의 지인들까지 나를 만나러 영월까지 와주었다. 한 분 한 분 모두 기억하고 있다. 내 기억력이 대단해서가 아니라, 그분들의 정성과 고마움이 떠오르고 또 떠올라 기억하지 않을 도리가 없었다.

내가 아는 영월은 단종이 잠든 청룡포와 장릉이 있고,

신라 고찰인 법흥사가 있고, 한 세월을 유랑한 김삿갓 유적지가 있고, 또 고씨동굴이 있는 곳이다. 영월 생활을 시작하기 전까지는 내가 있게 될 이곳만 빼고 다른 곳들을 다 두루 다니며 좋아했었다. 나를 면회 오는 사람들도 마찬가지였을 것이다. 그전에는 관광하러 오던 영월길이 나를 만나러 오는 길이 되었을 테니 참으로 고맙고 다정한 사람들이 아닌가.

영월은 먼 곳이었고 면회시간은 짧았다. 일부러 시간을 내 그 먼 길을 와서 잠깐 내 얼굴을 본 후, 또 다시 그 먼 길을 돌아가는 여정을 소화하는 것은 진심 없이는 불가능한 일이다. 나를 찾아온 이유는 조금씩 달랐겠으나, 나를 위로하고 격려하는 마음은 다들 같았을 것이다. 그중에 유독 기억에 남는 분들도 있었다. 김정운 교수의 면회가 그랬다.

김정운 교수와의 인연은 여가문화학회를 창립할 때부터 시작되었다. 당시 주5일 근무제가 곧 시행될 예정이어서 주말을 잘 보내는 일이 중요한 사회 이슈였다. 무엇이든지 시작할 때는 시행착오가 있는 법이다. 그래서 일상의 새로운 패턴을 위해 학자들의 연구가 필요하다고 생각했기에 여가문화학회를 꾸리게 되었다. 이때 김정운 교수가 초빙되었다. 그는 문화심리학을 전공한 학자일 뿐 아니라, 잘 노는 사람이자 유쾌한 사람이기도 했다.

어느 날 그가 영월에 와서는 나에게 대뜸 이런 말을 건넸다.

"저는 앞으로 자유로워지기로 했습니다."

내가 아무리 순발력이 뛰어난 사람이라 하더라도, 그 말 끝에는 쉽게 응답할 말이 떠오르지 않았다. 감옥에 갇힌 사람한테 와서 하는 말이 자기는 자유로워질 작정이라니. 이걸 위로의 말이라고 하는 건 아닐 텐데……. 하긴 면회 와서 내게 수의가 잘 어울린다고 말했던 사람도 있었다(나중에 그는 "수의가 잘 어울린다"가 아니라 "수의마저 잘 어울린다"라고 정정해 주었다).

김정운 교수가 나를 비아냥거릴 요량으로 한 말은 아닐 테고, 더군다나 그 먼 길을 일부러 찾아와서 그럴 사람도 아니었다. 그래서 뒷이야기를 좀 더 들어보기로 했다.

"학교를 그만둘 생각입니다. 학교보다 더 재미난 일을 찾아나서야 할 때 같습니다."

자유라면 김 교수보다 내가 확실히 더 일가견이 있다. 그러니 내가 조언을 해줄 차례가 아니겠는가. 물론 자유롭고 싶으면 일단 여기에 들어왔다가 나가는 게 좋겠다고 조언할 수는 없으니 다른 말을 꺼냈다.

"그러려면 이혼부터 먼저 해야 할 걸?"

무릇 자유의 끝에는 세상에서 가장 무서운 '그분'이 있는 법이다. 그분이신 '아내님'께서 눈을 부릅뜨고 있는 한은 자유의 '자' 자도 말할 수 없다는 걸 김 교수는 아직 모르고 있는 듯했다.

"김 교수, 일단 '그분'한테서 풀려나야 하지 않겠나. 그런데 내 나이가 되고 보면 세상에서 가장 달콤한 구속이 바로 그분 곁이란 걸 알게 돼. 학교도 그렇고 학생도 그러하지 않겠나."

이런 시답잖은 소리를 주고받으면서 우리는 웃었다. 그런데 그 기억이 참 오래 갔다. 잠시 나의 처지를 잊고, 학교와 관련된 김 교수의 신박한 고민을 듣고 그보다 더 황당한 조언을 하던 그 평범한 시간들이 떠올랐기 때문이다.

내가 영월에서 나온 후 들어보니, 김 교수는 절반의 자유만 획득한 모양이었다. 학교는 그만두었으나 마나님 곁에는 굳건히 붙어 있었으니 말이다.

 나를 찾아온 면회객은 대부분 바깥세상에서 인연을 맺은 이들이었다. 당연한 소리를 한다고 의아해하겠지만, 그렇지 않은 이들도 있었다. 바로 나와 함께 영월에서 생활했던 수감자들이다. 그들 중에는 나가자마자 곧장 나를 찾아온 이도 있었다. 나를 찾아온 수많은 면회객이 들으면 서운하겠지만, 사실 그들이 가장 기억에 남는다.

 사회에서는 일면식도 없었지만 영월에서 만나 친구가 된 이들이 있다. 그들이 한 사람씩 다녀갈 때마다 그 고마움을 잊지 않겠다고 다짐하곤 했다. 그러려면 어찌해야겠는가. 더욱더 슬기로워져야 할 일이었다. 그들 중 한 친구는 서대문 일대에서 과일가게를 하는데 지금도 명절 때만 되면 우리 집에 과일을 건네주고 간다. 물론 나도 근방을 지나다 시간이 나면 꼭 들른다.

 그곳에 가기 전 나는 꽤 많은 직책을 갖고 일하면서 다양한 사람들을 만나왔다. 그때는 내가 과연 이 자리에 적합한 사람인가, 함께하는 이들을 성심을 다해 대했는가에 대해 깊이 생각해 보지 못했다. 오늘 지나면 내일 또 만날 사람들이니 오늘 할 일부터 하자면서 소홀히 대한 이들도 많았다.

그런데 면회객 중에는 그때 내가 소홀히 대한 이들도 꽤 있었다. 그들을 보낸 날 밤이면 한동안 여러 가지 생각이 들었다. 이 먼 데까지 나를 면회하러 오다니 의외라는 생각을 한 적도 많았다. '저이가 내 처지가 되었을 때 나는 과연 찾아갔을까?', '저 양반이 돌아가시면 나는 문상을 갈까?' 자문하면서 반성도 많이 했다. 내가 주변 사람들에게는 꽤나 잘한다고 생각했지만 그렇지 않았던 모양이다.

그 먼 곳까지 나를 찾아준 이들은 모두 저마다의 방식과 내용으로 나를 위로해 주었다. 그 위로 덕분에 나는 영월 생활을 슬기롭게 마칠 수 있었다. 정말 고맙습니다.

○

# 다만 고난만 주신 게 아니었다

실제 고난은 우리 삶에서 죄의 불순물을 제거해 주고
죄 지을 기회를 앗아간다.

옥중 생활 속에서도 감사한 일은 참 많았다. 우선 그 긴 시간 동안 우울했던 날이 손에 꼽을 정도였다는 점이다. 물론 재판을 하는 동안은 호된 마음고생을 해야만 했다. 그 과정에서 영월에 이르게 된 상황을 복기하다 보면 분통 터지고 때로는 원망스러운 마음이 들끓었다.

그래서였을까. 수감된 후 6개월 정도가 흘렀을 무렵이었다. 새벽녘에 갑자기 왼쪽 심장이 조여드는 극심한 통증이 몰려와 숨을 제대로 쉴 수 없었다. 마치 천장에서 악마가 손을 뻗어 사력을 다해 나의 왼쪽 가슴을 조이는 듯했다. 독방에 수감되어 있었기 때문에 혼자 가슴을 부여잡고 고꾸라져도 도움을 줄 사람이 없었다. 이러다 죽는구나 싶었다. 그렇게 나는 홀로 생사를 오가는 고통 속에서 악마와 사투를 벌였다.

그렇게 몇 분이 흘렀을까. 집채만 한 파도가 몰려와 모든 걸 삼키고 유유히 사라지듯 나의 고통도 감쪽같이 사그라들었다. 그제야 비상벨을 찾으려고 몸을 일으켜보니 새벽 2시경이었다. 지금 벨을 누르면 여러 사람의 잠을 깨우는 형국이니 그저 날이 밝기만을 기다렸다. 그런데 아침이 되니 간밤의 고통은 오간 데 없고 몸의 컨디션도 괜찮았다. 그렇게 무탈한 하루를 보낸 다음 날 밤, 또 다시 심장이 조여오는 게 아닌가. 날이 밝자마자 의무과장을 찾았다.

"그걸 왜 이제야 말씀하십니까? 진짜 큰일 날 뻔하셨어요. 지금 당장 큰 병원 가셔야 합니다."

그길로 바로 세브란스병원으로 향했다. 병원에 도착하자마자 여러 가지 검사가 진행됐고, 어느덧 나는 수술대 위에 누워 있었다. 그런데 분명 마취를 했을 텐데도 내 귀에는 의료진들이 주고받는 목소리가 들렸다.

"어, 어, 이거 안 되는 거야?"

"왜 이러지?"

희미해져 가는 의식 속에서도 이 순간이 나의 마지막일 수도 있겠다는 생각이 스쳤다. 그 당시 나의 상태는 동맥이 막혀서 뚫을 수 없는 심각한 수준이었다. 그러나 다행히도 최고의 의료진들 덕분에 심장을 멈추지 않은 채 혈관을 잘라서 잇는 위험한 수술을 무사히 마쳤고, 나는 다시 깨어났다. 그렇게 또 한번 하나님의 은혜를 입은 것이다.

훗날 한 후배가 내게 이런 말을 했다.

"형은 영월 간 거 고맙게 생각해야 해. 만약 그때 바깥에 있었으면 형은 죽었을 거야. 거기 들어가서 몸무게를 12킬로그램이나 뺐으니까 산 거지. 심근경색 환자는 피하지방이 많으면 쥐도 새도 모르게 죽는다고."

후배 말이 맞았다. 지난한 재판 과정을 거치면서 나의 몸무게는 12킬로그램이나 빠졌는데 그게 날 살린 거였다. 당시 내가 급히 서울로 이송되어 수술을 받는다는 소식이 학교에도 전해진 모양인데, 그 상황이 생사를 오가는 심각한 수준이라고 소문이 나서 다들 걱정을 많이 했다고 들었다. 하긴 내 몸의 시동을 꺼놓고 한 수술이니 실력 좋은 의사 선생님이 아니었다면 그 길로 영영 돌아올 수 없었을 것이다.

인생의 화나 복은 그리 간단히 재단할 수 있는 게 아니라는 옛말은 옳다. 영월에서의 시간도 나에게는 길흉이 공존하는 바깥세상 인생사와 다를 바가 없었다.

하나님은 나의 옥중 생활을 염려하셔서 몇 가지 기쁨을 주셨는데 그중 하나가 면회객들을 맞이하는 일이었다. 영월의 좁은 면회실에서 만나는 인연은 참으로 각별했다. 밖에서 지낼 때는 그냥 스쳐 지나가는 인연이었을지도 모를 이들이 찾아올 때는 더욱 그랬다.

정기적으로 면회를 오는 지인들은 시간이 흐른 후에는 내가 옥중 생활에 적응하는 것만큼이나 면회에 적응했다. 바깥의 찻집에서 만나는 것과 다름없이 웃고, 떠들고, 태연했다. 심지어 누군가는 자신의 고민거리를 들고 찾아오기도 해서 나를 당황하게 했다. 그들이 자신의 사생활 고민거리를 털어놓고 하소연하는 소리를 듣고 있자면 '오죽하면 나한테 할까?' 하는 마음이 들다가도 '너는 내 생각은 안 하냐?' 할 때도 있었다. 하긴 생각할 시간이 나보다 많은 사람은 드물 터이니, 고민 해결사로 나보다 제격인 사람도 없었을 것이다.

깜짝 놀랐던 기억도 없지 않다. 한 번은 연구년을 맞아 미국에 가게 된 한 교수가 인사차 면회를 왔다.

"이사장님, 제가 미국에 가는데 혹시 필요한 거 없으세요?"

옥중에 있는 내가 필요한 게 뭐가 있겠나. 아마도 자유라고 생각하겠지만 그건 아니었다. 정말 필요한 것은 추억과 웃음이었다. 특히 야구와 관련된 추억을 만들거나 나눌 수 없는 게 아쉬웠다. 그러니 미국에 가게 된 교수가 내게 필요한 거 없냐고 물었을 때, 제일 먼저 떠오른 것도 역시 야구였다. 미국 하면 야구 아닌가. 게다가 KBO 총재를 하는 동안 미국 메이저리그와 얽힌 인연도 많았다.

"염치 불고하고 딱 하나 부탁할 게 있는데……."

"네, 이사장님. 편하게 뭐든 말씀해 주세요."

"혹시 커쇼의 유니폼을 좀 사다 줄 수 있겠는가?"

내가 가장 좋아하는 투수는 클레이턴 커쇼다. 우주 최강의 투수라 불리는 LA 다저스의 바로 그 커쇼 말이다. 적막한 방 안에 그의 유니폼을 걸어놓으면 절로 웃음이 나고 즐거워질 것 같았다. 하지만 그날의 면회에서 나눈 이야기는 시간이 지나 까맣게 잊고 있었다.

그러던 어느 날 그 교수가 연구년을 마치고 귀국 인사차 다시 면회를 왔다. 면회객이 그 교수인 걸 알고도 그때 사다 달라던 커쇼의 유니폼은 완전히 잊고 있었다. 건강하게 잘 다녀왔는지 궁금한 마음과 다시 찾아주어 반가운 마음이 앞섰기 때문이리라.

그런데 면회실에 들어가자마자 깜짝 놀라지 않을 수 없었다. 그 교수가 떡하니 커쇼 유니폼을 입고 있는 게 아닌가. 내가 사다 달라고 부탁한 유니폼을 정작 본인이 입고 있으니 내 두 눈은 휘둥그레 커질 수밖에 없었다. 게다가 평소의 그 교수라면 절대로 야구 유니폼 같은 걸 입을 사람이 아니기에 놀라움은 서너 배쯤 됐다. 나를 면회 올 때도 늘 양복에 와이셔츠 차림이었는데 그런 그가 미국 물을 먹고 변했나 싶었다.

"이사장님, 저 잘 어울리나요?"

"음, 그……"

나는 뭐라고 답해야 할지 몰라서 버벅댔다.

"실은 유니폼 반입이 안 된다고 해서요. 제가 입어서라도 꼭 보여드리고 싶어서 어쩔 수 없이 이렇게……"

그 점잖은 교수가 면회실 밖에서 입고 온 와이셔츠까지 벗고 급히 옷을 갈아입었을 모습을 생각하니 웃음이 나면서도 가슴 한 켠이 뻐근해져 왔다. 다만 그렇다고 해서 이 면회객 앞에서 내가 청승을 떨 수는 없는 일이었다.

"거 좀 깨끗이 입으세요."

"네?"

교수의 표정에는 당황한 기색이 역력했다.

"남의 옷이니 깨끗이 입어야 하잖소."

그제야 내 말의 의미를 알아챈 교수는 활짝 웃었다. 허둥지둥 유니폼을 갈아입느라고 머리카락이 헝클어져 있는 그 모습도 보기 좋았다. 나를 더 감사하며 살게 하는 많은 사람 중 또 한 사람의 얼굴이었다.

사회에 있는 동안 나는 늘 뭔가를 베푸는 사람이었다. 내가 좋은 사람이거나 훌륭한 사람이라는 뜻이 아니다. 단지 그런 삶을 살 수 있는 환경에서 태어나 자랐고, 또 살아갈 수 있었다는 의미다. 그러니 얼마나 복 받은 삶인가. 그래서 늘 감사하는 마음으로 살았는데 옥중에서야 비로소 깨달았다. 정말 감사하는 마음은 베풂을 받는 자리에 있을 때 알게 된다는 것을 말이다. 거창하지 않아서 더 감동적이었다.

  그렇게 내게로 와서 쌓이고 쌓인 작은 베풂과 정성들은 내가 평생 베풀었다고 믿었던 그 어떤 마음보다 더 커졌다. 나는 고마워하고 또 고마워하다가 하나님께 무릎을 꿇고 기도했다. 내게 이런 걸 알려주려고 하셨구나. 그분은 다만 고난만 주신 게 아니었다. 크게 베풀고 크게 받는 것이 중요한 게 아니라, 도움이 필요할 때를 알아 작은 호미질만 베풀어도 세상을 구할 수 있다는 걸 깨닫게 해주셨다. 그리하여 나의 슬기로운 감빵생활은 슬기로운 세상살이가 되어갔다.

## 유영구

하나의 이름으로 규정할 수 없는 리더. 교육 현장에서 시작해 스포츠, 문화, 나눔의 현장까지 경계를 넘나들며 자신만의 길을 만들어온 경영인이자 사회활동가.

명지학원을 이끌며 사람을 키우는 일에 힘썼고, KBO 총재로서는 그라운드의 팬들과 함께 울고 웃었다. 한국국가기록연구원을 세워 기록을 국가와 사회의 뿌리로 심었으며, 문화유산국민신탁을 통해 우리 곁의 소중한 가치를 지켜내는가 하면, 아름다운재단에서는 조용한 울림을 만들었다.

현재 박정희대통령기념재단과 기독교세진회 이사장으로 또 다른 걸음을 내딛고 있다. 한 곳에 머무르지 않는 열정과 세상에 대한 따뜻한 사랑이 그의 삶을 채워온 원동력이다.

**농담의 쓸모**
감사한 세상에 답하는 유영구 에세이

ⓒ 유영구

지은이  유영구
펴낸이  김종수
펴낸곳  한울엠플러스(주)
편집  신순남

초판 1쇄 발행  2025년 9월 30일
초판 2쇄 발행  2025년 11월 10일

주소  10881 경기도 파주시 광인사길 153 한울시소빌딩 3층
전화  031-955-0655
팩스  031-955-0656
홈페이지  www.hanulmplus.kr
등록번호  제406-2015-000143호

Printed in Korea.
ISBN  978-89-460-8399-8 03810

※ 책값은 겉표지에 표시되어 있습니다.